AI와 우리 아이 교육

인공지능총서

인공지능 시대입니다. 기계가 인간의 인지를 대신하고, 사물이 인간을 통하지 않고 다른 사물과 직접 커뮤니케이션합니다. 이에 따른 인간 삶과 문명 변화를 정확히 이해·예측·대응하는 것은 이 시대 우리 모두의 과제입니다. 인공지능총서는 인공지능 기술과 환경의 여러 주제를 10가지 키워드로 정리합니다. 관련 개념과 이론, 학계와 산업계의 쟁점, 우리 일상의 변화를 다룹니다. 인간과 기술의 현재, 미래를 세심히 분석합니다.

일러두기

- 인명, 작품명, 저서명, 개념어 등은 한글과 함께 괄호 안에 해당 국가의 원어를 병기했습니다.
- 외래어 표기는 현행 어문규정의 외래어표기법을 따랐습니다.

처음이세요?

전문가세요?

지금, 큐알 찍으면

🎁 AI 입문서 바로 선물

📚 당신만의 필독서 추천

📖 500권 요약본 공짜

🎧 오디오북 무료 사용

AI와 우리 아이 교육

심양섭

대한민국, 서울, 커뮤니케이션북스, 2025

AI와 우리 아이 교육

지은이 심양섭
펴낸이 박영률

초판 1쇄 펴낸날 2025년 10월 23일

커뮤니케이션북스(주)
출판 등록 2007년 8월 17일 제313-2007-000166호
02880 서울시 성북구 성북로 5-11
전화(02) 7474 001, 팩스(02) 736 5047
commbooks@commbooks.com
www.commbooks.com

ISBN 979-11-430-1255-5 03500

책값은 뒤표지에 표시되어 있습니다.

차례

교육 패러다임의 변화와 부모의 역할

AI라는 이름의 거대한 강물

아이가 태어나는 순간, 우리는 알 수 없는 길을 걷는 여행을 시작한다. 칠흑 같은 밤하늘 아래, 아이의 손을 잡고 걷는 그 길은 때로는 아름답고, 때로는 두렵다. 그리고 오늘, 그 길 위로 '인공지능(AI)'이라는 이름의 거대한 강물이 흐르기 시작했다. 이 강물은 우리 아이들의 삶을 완전히 바꾸어 놓을 것이다. 우리는 이 강물을 막을 수도, 피할 수도 없다. 그렇다면 우리는 무엇을 해야 할까?

이 책은 바로 그 질문에 대한 답을 찾아가는 여행이다. 부모가 AI라는 강물의 흐름을 이해하고, 아이가 그 위에서 길을 잃지 않도록 든든한 등대가 되어 주는 방법을 이야기한다. 막연한 불안감과 두려움 대신, 지식과 실천이라는 횃불을 들고 아이와 함께 강물을 건너는 용기를 얻게 될 것이다.

AI는 이제 더 이상 SF 영화 속 이야기가 아니다. 우리 삶의 가장 깊숙한 곳까지 스며들어, 세상의 모든 것을 바꾸고 있다. 1984년 애플의 매킨토시 광고가 개인 컴퓨팅 시대의 문을 열었듯, 2016년 알파고가 이세돌 9단을 이긴 사건은 'AI가 인간의 지능을 뛰어넘을 수 있다'는 충격적인 메시지를 던져 주었다. 그리고 2022년, 챗GPT(ChatGPT)의 등장은 AI가 단순한 계산을 넘어 인간과 대화하고, 창조하며, 추론하는 단계에 이르렀음을 세상에 알렸다.

이러한 기술의 발전 속도는 이전 세대에서는 상상조차 할 수 없을 정도로 빠르다. 불과 몇 년 전만 해도 '사진'은 '진짜'를 찍는 것이었지만, 이제는 AI가 만든 가짜 사진과 진짜 사진을 구별하기 어려운 시대가 되었다. 오늘날 태어나는 아이들은 사진, 영상, 음성이 실재인지 AI가 생성한 것인지 질문해야 하는 첫 세대가 될 것이다.

이러한 변화의 물결 속에서, 부모는 깊은 고민과 불안감을 느낀다. 우리 아이의 미래는 어떻게 될까? AI가 아이의 학습과 진로에 어떤 영향을 미칠까? AI에만 의존하다가 정작 중요한 것을 잃게 되는 것은 아닐까? 이 책은 바로 이러한 부모의 불안감을 해소하고, 아이가 AI 시대에 필요한 역량을 갖춘 '기술의 주인'으로 성장할 수 있도록 실질적인 지침을 제공한다.

지식에서 역량 중심으로

AI는 단순히 교육 도구를 바꾸는 것을 넘어, 교육의 목표 자체를 근본적으로 변화시키고 있다. 과거의 교육은 '지식을 얼마나 많이 암기하고 있는지'를 중요하게 여겼다. 하지만 AI가 모든 지식을 순식간에 찾아 주는 시대에는 더 이상 지식 암기가 핵심 경쟁력이 될 수 없다. 이제 중요한 것은 '지식을 가지고 무엇을 할 수 있는가'다. 이는 교육 패러다임이 지식 중심에서 역량 중심으로, 암기 중심에서 창의적 문제 해결 중심으로 바뀌고 있음을 의미한다.

AI 기반 학습 도구들은 아이들의 학습 속도와 스타일에 맞춰 콘텐츠를 조정하고 실시간 피드백을 제공한다. 이는 모든 학생에게 똑같은 속도로 지식을 전달하던 전통적인 교실과는 확연히 다른 모습이다. 미국의 칸 아카데미(Khan Academy)가 칸미고(Khanmigo)라는 AI 튜터(Tutor)를 도입해 아이들이 스스로 질문하며 답을 찾아가도록 돕는 것이 대표적인 사례다.

칸 아카데미는 미국의 비영리 교육 단체가 세상 모든 학생을 무료로 가르쳐 주기 위해 설립한 온라인 학교다. 설립자인 MIT 공학 석사 출신의 살만 아민 칸(Salman A. Khan, 1976~)이 사촌 동생을 가르치기 위해 만들었던 영상이 큰 인기를 얻으면서 시작된 비영리 온라인 교육 플랫폼이다. AI 튜터는 "나의 학습 수준에 딱 맞춰 가르쳐 주는 똑똑한 인공지능 선생님"이라고 설명할 수 있다.

학교에 도입된 AI가 이제까지 교사들이 해 오던 반복적인 채점과 데이터 분석을 맡아 주면서, 교사는 지식 전달자에서 벗어나 아이들의 학습을 돕는 '코치' 역할로 전환된다. 아이들의 정서적, 심리적 어려움을 파악하고, 협력과 창의성을 이끌어 내는 데 더 많은 시간을 할애할 수 있게 된 것이다.

이러한 변화 속에서 부모의 역할 또한 학업 감독자에서 벗어나 자녀의 진로 상담사, 정서적 지지대, 그리고 디지털 리터러시(Digital Literacy)의 동반자로 재정의되어야 한다. AI를 막연히 두려워하거나 무조건 차단하는 대신, 그 원리를 이해하고 아이와 함께 배워 나가는 태도가 중요하다. 디지털 리터러시는 "인터넷과 스마트폰을 똑똑하고 안전하게 사용하는 능력"이라고 설명할 수 있다.

AI를 알아 가는 첫걸음

많은 부모님들은 "AI가 아이에게 중요하다고는 하지만,

나는 AI에 대해 잘 모른다"는 불안감을 가지고 있다. 미국 여론 조사 기관 퓨리서치센터(Pew Research Center) 조사에 따르면, 9세에서 12세 사이의 아이들 중 상당수가 이미 AI를 사용해 봤지만, 부모들은 이러한 기술에 대해 충분히 알지 못한다고 한다. 이로 인해 부모와 자녀 간의 '기술적 지식 격차'가 발생하고 있으며, 부모들은 자녀를 효과적으로 지도하는 데 어려움을 겪고 있다.

하지만 이 불안감은 충분히 해소될 수 있다. 부모가 먼저 AI에 대해 배우려는 의지를 가지는 것이 좋은 시작이 될 수 있다. 매주 30분씩 AI 관련 뉴스를 읽거나, 아이가 사용하는 AI 도구를 직접 사용해 보는 것도 좋다. 대화형 챗GPT나 구글 제미나이(Google Gemini) 같은 AI 챗봇에게 '자녀와 함께할 2박 3일 여행 코스'를 추천받거나, '가족 외식 메뉴 정하는 사다리 게임'을 만들어 달라고 요청해 보기 바란다. 일상적인 문제를 해결하는 데 AI가 얼마나 유용한지 알 수 있다. 챗봇(Chatbot)은 "사람과 대화하듯이 궁금한 점을 물어보면 대답해 주는 인공지능 친구"라고 설명할 수 있다.

또한, 시각 디자인 AI인 캔바(Canva)의 AI 디자인 기능을 활용해 '가족 여행 포스터'나 '생일 카드'를 만들어 보기 바란다. 복잡한 디자인 지식이 없어도 멋진 결과물을 쉽게 만들 수 있다. 교육용 AI인 칸미고를 직접 경험해 보기 바란다. 학생의 학습 수준에 맞춰 질문을 던지고 설명을 제공하는 AI의 섬세함을 느낄 수 있다. 이러한 도구들을 부모가 직접 체험하고, 그 장단점을 아이와 함께 이야기하면 단순한 기술 소개를 넘어, AI를 윤리적이고 효과적으로 활용하는 방법을 배우는 '살아 있는 교육'이 될 수 있다.

아이에게 필요한 핵심 역량

AI 시대에는 단순히 지식을 많이 아는 것보다, AI가 대체할 수 없는 인간 고유의 능력을 개발하는 것이 중요하다. 전문가들이 꼽는 AI 시대의 핵심 역량은 다음과 같다. 첫째, 비판적 사고 및 문제 해결이다. AI는 정보를 제공하지만, 그 정보의 진위를 판단하고 문제를 해결하기 위한 창의적인 접근법을 모색하는 것은 인간의 몫이다. '왜?'라는 질문을 끊임없이 던지는 습관을 길러 주어야 한다. AI가 제공하는 답변을 자녀가 무비판적으로 수용하기보다, 여러 출처를 교차 확인하고 질문을 던지도록 유도하는 것이 필수적이다.

둘째, 창의성 및 혁신이다. AI는 기존 데이터를 기반으로 새로운 콘텐츠를 생성하지만, 인간처럼 독창적인 아이디어를 내거나 혁신적인 해결책을 제시하는 데는 한계가 있다. 부모는 자녀가 AI를 단순한 소비 도구가 아닌 창의적 파트너로 활용하도록 독려해야 한다. 예를 들어, AI를 이용해 이야기를 만들거나 그림을 그리는 등의 활동은 창의력을 자극하는 좋은 방법이 될 수 있다.

셋째, 감성 지능(Emotional Intelligence) 및 공감 능력이다. AI는 인간의 감정을 모방할 수는 있지만, 진정한 공감과 인간적인 관계를 형성하는 것은 불가능하다. 부모는 자녀가 AI 도구에 지나치게 의존하기보다, 가족 및 친구들과의 대면 상호작용을 통해 감정을 표현하고 타인의 감정을 이해하는 훈련을 할 수 있도록 도와야 한다.

넷째, 적응력 및 회복 탄력성(Resilience)이다. 회복 탄력성이란 어려운 일을 겪어도 다시 힘을 내서 일어나는 마음의 힘을 뜻한다. 기술 변화의 속도가 빨라지면서, 끊임없이 배우고 새로운 상황에 적응하는 능력이 중요해졌다. 실패를 '끝'이 아닌 '쉼표'로 여기는 마음가짐을 길러 주어야 한다. 다시 말하면, 실패를 두려워하지 않고 도전하는 '성장 마인드셋(mindset)'을 길러 주는 것이 AI 시대에 성공하는 중요한 열쇠가 될 수 있다.

가정에서 실천하는 AI 시대의 양육 전략

AI 시대의 자녀 양육은 거창한 기술 교육에서 시작되는 것이 아니다. 오히려 가정에서 작은 변화와 부모의 의도적인 노력으로 시작된다.

여기서는 당연히 대화와 소통의 창을 여는 것이 가장 중요하다. 자녀가 AI를 어떻게 사용하고 있는지 솔직하게 이야기하는 것이 가장 중요하다. 자녀의 디지털 활동에 대해 비난하거나 감시하려 하기보다는, 호기심을 가지고 대화를 나누면 자녀는 부모를 신뢰하고 자신의 고민을 털어놓을 가능성이 높아진다.

다음으로는 디지털 경계를 설정할 필요가 있다. AI 기반 기기 사용에 대한 명확하고 일관된 규칙을 정해야 한다. 식사 시간이나 취침 전에는 스마트폰을 사용하지 않는 '스크린 없는 공간'을 만드는 것이 좋은 방법이다.

그다음으로는 균형 있는 활동을 장려하는 것이 바람직하다. AI는 교육과 엔터테인먼트에 유용하지만, 대면 상호작용, 신체 활동, 창의적인 취미 같은 '언플러그드(unplugged)' 활동의 중요성을 잊어서는 안 된다. '언플러그드' 활동이란 인터넷, 컴퓨터 없는 오프라인 활동을 가리킨다. 가족과 함께 보드게임을 하거나, 동네를 달리며 쓰레기를 줍는 '쓰담달리기(plogging)' 같은 활동을 해 보는 것도 좋다.

부모부터 AI 시대를 바람직하게 살아가는 모범을 보여야 한다. 아이들은 부모의 행동을 보고 배운다. 부모가 먼저 건강한 디지털 습관을 보여 주고, 불필요한 스마트폰 사용을 자제하는 모습을 보여 주는 것이 가장 강력한 교육이 될 수 있다.

부모도 학생이다

AI 시대의 부모는 아이에게 길을 가르치는 '선생님'이 아니라, 아이와 함께 길을 배우고 개척하는 '학생'이 되어야 한다. 핀란드의 부모들은 엘리먼츠 오브 AI(Elements of AI)라는 무료 온라인 강좌를 통해 AI 소양을 쌓았고, 이를 바탕으로 자녀와 함께 AI를 주제로 이야기하는 분위기를 만들었다. 엘리먼츠 오브 AI는 핀란드의 헬싱키대학교(University of Helsinki)와 기술 컨설팅 기업인 리액터(Reaktor)가 협력해 개발했다.

우리도 'AI를 모르면 불안'이 아니라 '알아보니 쓸 만하네'로 바뀌는 경험을 해야 한다. 서울의 한 구립도서관에서는 '가족 AI 워크숍'을 열어 부모와 아이가 함께 AI를 체험하는 시간을 가졌다. 6주 동안 부모는 AI가 무엇인지 배우고, 아이와 함께 이미지 생성기로 포스터를 만들고, 과제에서 AI를 어떻게 활용할지 규칙을 정하는 활동을 했다. 이러한 경험을 통해 아이들은 "AI는 답을 다 아는 기계"가 아니라 "같이 만드는 파트너"로 인식하게 되었고, 부모는 "막지 않고 지도하는 법"을 몸으로 익혔다. 이러한 작은 실천들이 모여, AI 시대를 헤쳐 나갈 힘을 길러 주는 것이다.

부모가 먼저 알아야 할 팁과 사례들

AI는 우리 아이들의 삶에 거대한 영향을 미치는 강력한 도구다. 부모의 역할은 AI를 두려워하거나 외면하는 것이 아니라, AI의 잠재력을 이해하고 그 위험성을 경계하며, 자녀가 AI를 현명하게 활용할 수 있도록 돕는 것이다. 부모는 AI의 문제점을 이해하고, 자녀에게 개인정보 보호의 중요성을 가르치며, AI 시대에 필요한 역량을 함께 키워 나가야 한다.

부모부터 AI의 문제점을 이해하는 것이 중요하다. AI의 문제점에는 환각과 편향성이 있다. 환각(Hallucination)이란 AI가 사실과 다른 잘못된 정보를 진짜인 것처럼 만들어 내는 현상을 의미한다. AI가 제공하는 정보가 항상 정확한 것은 아니라는 점을 자녀에게 가르쳐야 한다. 예를 들어, 아이와 함께 '어느 것이 진짜 얼굴일까

(whichfaceisreal.com)' 같은 웹사이트를 활용해 진짜 사람 사진과 AI가 만든 사진을 구별하는 놀이를 할 수 있다. 이러한 경험을 통해 아이들은 AI 기술의 발전 수준을 체감하고, 정보를 비판적으로 판단하는 능력을 기를 수 있다.

다음은 AI의 데이터 편향성이다. 알고리즘 편향(Algorithmic bias)이란 AI가 학습한 데이터에 포함된 편견이 결과물에 그대로 나타나는 것을 의미한다. 특정 인종, 성별, 사회 경제적 배경에 대한 편견이 포함된 데이터로 훈련된 AI는 차별적인 결과를 생성할 수 있다. 부모는 AI가 항상 중립적이지 않음을 가르치고, 정보의 출처를 비판적으로 검토하도록 유도해야 한다.

다음으로 부모는 아이에게 개인정보 보호의 중요성을 가르쳐야 한다. AI 도구는 사용자의 개인정보를 비롯한 데이터를 수집, 분석하므로 개인정보 유출의 위험이 있다. 부모는 자녀에게 개인정보를 온라인에 입력하지 않도록 가르치고, AI 앱의 개인정보 보호 설정을 확인하는 습관을 들이게 해야 한다. 챗GPT의 경우, 설정에서 '대화 기록 저장 안 함'으로 바꾸면 자녀가 물어본 내용이 그대로 남아 다른 데 쓰이지 않도록 할 수 있다. 부모가 먼저 비밀번호 관리 앱을 사용하는 모습을 보여 주면 아이도 자연스럽게 따라 하게 된다.

자녀가 AI를 과제에 사용할 때 표절로 이어지지 않도록 지도하는 것도 중요하다. AI를 아이디어 생성이나 초안 작성 보조 도구로 활용하되, 최종 결과물은 자신의 생각과 노력으로 완성하도록 가르쳐야 한다. 표절과 책임에 대한 교육은 AI 시대를 살아가는 데 가장 중요한 덕목 중 하나다.

다음으로 학교와 가정이 협력해 우리 아이들이 AI 가이드라인을 준수하도록 교육하는 것이 중요하다. 서울시교육청 같은 교육 기관들은 학생들의 AI 활용에 대한 구체적인 지침을 제시하고 있다. 부모는 자녀가 다니는 학교의 AI 사용 지침을 미리 파악하고, 그 규칙을 준수하도록 지도해야 한다. 서울시교육청의 가이드라인에 따르면, 교사가 생성형 AI를 수업에 도입할 때는 해당 서비스의 이용 약관을 먼저 확인해야 하며, 만 14세 미만 학생의 경우 보호자 동의서 수집이 필수다.

AI와 함께하는 '디지털 놀이터'

AI 시대에는 아이들이 단순히 기술을 사용하는 것을 넘어, AI를 능동적으로 활용해 창의성을 발휘하는 능력을 갖추는 것이 중요하다. 가정에서 부모가 실천할 수 있는 구체적인 방법들을 살펴보자.

AI와 함께 그림을 그려 볼 수도 있다. 구글의 퀵 드로(Quick Draw)는 "내가 그린 그림을 보고 AI가 무엇인지 알아맞히는 게임"이라고 할 수 있다. 다른 여러 친구들이 어떤 그림을 그렸는지 보여 주는 기능도 있다. 또한 구글의 애니메이티드 드로잉스(Animated Drawings)도 "내가 그린 그림을 AI가 살아 움직이는 만화로 만들어 주는 도구"라고 할 수 있다. 이러한 AI 학습 도구들을 경험하는 과정에서 아이들은 자신의 창작물이 AI 기술에 어떻게 기여하는지 이해하고, 기술에 대한 긍정적인 인식을 형성할 수 있다.

이처럼 사용자가 직접 그린 그림을 인식하거나 움직이게 하는 AI 서비스를 제공하는 한국의 웹사이트는 현재까지 널리 알려진 것이 없다. 하지만 네이버, 카카오 등 국내 정보 기술(IT) 기업들도 자체 AI 기술을 활용해 다양한 서비스를 개발하고 있으며, 앞으로 유사한 형태의 서비스가 나올 가능성도 높다.

AI와 함께 음악도 만들어 볼 수 있다. 송 메이커(Song Maker) 같은 도구는 아이들이 음표를 입력하면 AI가 화음을 추가해 멋진 곡을 연주해 준다. 아이들은 음악에 대한 전문 지식이 없더라도 창의적인 결과물을 만들 수 있으며, 이는 성취감과 흥미를 유발한다. 송 메이커는 구글의 크롬 뮤직 랩(Chrome Music Lab)의 한 도구다.

최근 여러 도서관과 대학에서 진행하는 'AI 동화 만들기' 프로그램은 좋은 참고 사례다. 서울 양천도서관의 'AI 쇼트폼 동화 만들기' 수업에서는 초등학생들이 챗봇으로 스토리를 만들고, 이미지 생성기로 그림을 만든 뒤 짧은 영상으로 편집했다. 동국대학교 국제다문화학과에서는 부모와 아이가 팀을 이뤄 '다문화 이해'를 주제로 동화를 만들고, AI로 삽화와 내레이션을 입혀 전자책으로 완성했다. 이러한 경험은 아이에게 'AI는 놀잇감이 아니라 함께 일하는 친구'라는 인식을 심어 준다.

부모와 자녀의 동반 학습

AI 시대에 부모와 자녀의 동반 학습(Cooperative Learning)은 단순한 트렌드가 아니다. 최근 한국에서도 이 흐름에 발맞추려는 움직임이 활발하다. 예컨대 연세대 이경배 교수가 다문화 가정 어머니들을 대상으로 진행한 'AI 시대 자녀 교육' 특강에서는 "AI는 세상을 바꾸고, 어머니는 아이를 바꾼다"는 메시지와 함께 '공부하는 습관, 사고를 자극하는 대화, 작은 성공 경험'이 자녀 교육의 핵심이라고 강조했다. 이처럼 가족의 언어생활을 바꾸려는 노력 자체가 AI 시대에 부모가 지녀야 할 실천적 자세다.

또한 명신여자고등학교에서 열린 학부모 대상 특강에서는 '지식 전달자'에서 벗어나 '질문하는 코치형 부모'로의 역할 전환이 강조되었다. 창의력, 공감력, 자기 주도성, 협업 능력, 표현력, 이 다섯 가지 역량은 부모가 일상에서 구체적으로 실천할 수 있는 과제를 통해 길러질 수 있다. 예를 들어, "이 문제를 네 방식대로 풀어 볼까?", "(아이 말을 끊지 않고) 5초 기다려 주기", "가족회의 열기" 같은 작은 실천이다.

교육 기관 차원에서도 변화는 뚜렷하다. 카이스트(KAIST) 연구진이 개발한 '액세스톡(AccessTalk)'은 AI 기반 소통 애플리케이션으로, 자폐 아동의 기분과 감정을 보다 정확히 부모가 이해하도록 돕는다. 그림 카드와 AI 추천 기능을 통해 즉각적인 대화가 가능해졌고, 사람 중심 AI 설계 접근 방식에서 큰 호평을 받았다. 이는 기술이 가정 내 정서적 소통에 긍정적 영향을 미칠 수 있음을 보여 준다.

서강대학교가 개최한 '우리 가족 AI 예술가 캠프'는 부모와 자녀가 각각 맞춤형 AI 교육을 받고, 협업하며 작품을 만드는 창의적 장이었다. 이 캠프는 부모에게는 AI의 기능과 활용 방법을, 자녀에게는 창의적 표현 역량을 함께 기르는 기회를 제공했다.

행정 및 커뮤니티 차원에서도 주목할 만한 움직임이 있다. 강남구 가족센터가 주최한 '미디어 문해력'을 주제로 한 부모 대상 교육에서는, 단순히 미디어를 소비하는 주체를 넘어 자녀가 미디어를 주도적으로 해석하고 이해할 수 있는 능력을 길러 주는 양육 전략을 전달했다. 이는 AI의 등장으로 더욱 가속화하는 정보 홍수 시대에 부모와 자녀가 함께 갖춰야 할 중요한 역량이다.

이처럼 한국에서는 이미 다양한 계층과 환경, 지역에서 AI와 함께 학습하는 가족 모델을 실험 중이다. 다문화 가정, 일반 학부모, 특수교육 대상자 등 다양한 맥락에서, 부모는 자신의 역할을 "코치형 멘토, 질문자, 감성 지지자"로 재정의하고 있다. 작은 특강이나 워크숍 참석, AI 도구 체험, 질문 중심 대화 습관 등, 이 모든 실천은 기술과 인간이 상호작용하는 미래 사회를 준비하는 밑거름이 될 것이다.

AI를 두려워하지 않는 부모가 길을 만든다

AI는 우리 아이들의 삶에 거대한 영향을 미치는 강력한 도구다. 부모의 역할은 AI를 두려워하거나 외면하는 것이 아니라, AI의 잠재력을 이해하고 그 위험성을 경계하며, 자녀가 AI를 현명하게 활용할 수 있도록 돕는 것이다.

AI를 두려워하는 것은 마치 밤길을 걷는 것을 두려워하는 것과 같다. 하지만 손전등을 켜고 길을 비추면, 어둠 속에서도 길이 보인다. 부모라는 이름의 손전등을 들고 아이와 함께 AI라는 강물을 건너는 용기를 가져 보기 바란다.

그러면 AI는 두려운 기계가 아니라 우리 아이의 상상력과 가능성을 확장하는 든든한 동반자가 될 것이다. 이 책을 통해 부모님들이 AI 시대의 변화를 두려워하기보다 지식과 실천을 통해 자녀와 함께 성장하는 기회를 발견하고, 우리 아이들이 미래 사회의 주역으로 당당히 설 수 있도록 돕는 실질적인 지침을 얻기를 바란다. 우리는 AI를 통해 인간의 창의성과 잠재력을 극대화하고, 더욱 풍요로운 미래를 만들어 갈 수 있다고 믿는다. 이 여정에 함께해 주시길 당부한다.

참고문헌

김영희(2022). 《AI도 꼼짝 못할 대한민국 육아전문작가의 육아 비법: 아이만 빼고 다 바꿔라》. 작가교실.

서울시교육청 AI연구회(2024). 《이제는 학부모다! AI 시대 역량 있는 학부모 되기(기본편)》. 박영스토리.

神野元基(2017). 《人工知能時代を生き抜く子どもの育て方》. ディスカヴァー・トゥエンティワン. 진노 겐키. 《인공지능 시대를 살아가는 우리 아이 키우는 법》(2018). 최윤영 옮김. 한스미디어.

Blume, H.(2024.7.3). LAUSD shelves its hyped AI chatbot to help students after collapse of firm that made it. *LA Times*, https://www.latimes.com/california/story/2024-07-03/lausds-highly-touted-ai-chatbot-to-help-students-fails-to-deliver

Jennings-Trace, E.(2025.7.15). AI 'wingman' app leaks 160,000 screenshots of private chats – here's what we know. *Techradar*, https://www.techradar.com/pro/security/ai-dating-advice-chatbot-leaks-160k-screenshots-of-private-chats

01
AI 시대의 학습 방식 변화

옛날엔 두꺼운 백과사전이 아이들의 궁금증을 풀어 주던 보물 창고였다면, 이제는 말 한마디에 답을 주는 AI가 그 자리를 대신한다. 하지만 AI는 단순한 '정답 기계'가 아니다. 아이의 마음속 호기심 씨앗에 물을 주고, 길을 안내하는 탐험가 친구다. 이 장에서는 전 세계 교실과 가정에서 AI와 함께 배우고 성장하는 새로운 학습 여행을 알아본다.

기후 위기와 인공지능?

지혜의 씨앗을 키우는 새로운 물주기

아이가 잠든 방, 방구석 어딘가 먼지 쌓인 백과사전이 조용히 잠들어 있다. 한때 모든 지식의 보고였던 그 책은 이제 아이가 궁금한 것을 물으면 1초 만에 답을 찾아 주는 AI 스피커에 자리를 내준 지 오래다. 과거의 학습이 '지식을 채워 넣는 커다란 물통'이었다면, AI 시대의 학습은 '지혜의 씨앗을 뿌리고 스스로 자라게 물을 주는 일'로 바뀌고 있다. 우리 아이들에게 필요한 것은 단순히 지식을 외우는 능력이 아니라, AI라는 도구를 활용해 자신만의 숲을 가꾸는 능력이다.

AI는 아이들에게 일방적으로 지식을 전달하는 선생님이 아니다. 아이가 무엇을 궁금해하는지, 어떤 부분에서 어려워하는지를 정확히 파악해 가장 필요한 도움을 주는 '맞춤형 탐험 가이드'에 가깝다. 이러한 변화는 이미 전 세계 교육 현장에서 일어나고 있다.

멕시코의 한 초등학교에서는 수학을 어려워하는 아이들이 많았다. 선생님은 '칸 아카데미'의 AI 튜터 '칸미고'를 활용해 수업을 진행했다. 칸미고는 아이들이 문제를 틀리면 정답을 바로 알려 주는 대신, "이 문제에서 가장 중요한 힌트는 무엇일까?" 같은 질문을 던지며 스스로 답을 찾아가도록 유도했다. 아이들은 AI와 대화하며 수학 문제를 '풀어야 할 숙제'가 아닌 '해결해야 할 퍼즐'로 인식하기 시작했고, 흥미를 느끼면서 성적이 눈에 띄게 올랐다. 이 사례는 AI가 아이들의 '메타 인지 능력(자신의 사고 과정을 스스로 돌아보는 능력)'을 길러 주는 훌륭한 파트너가 될 수 있음을 보여 준다.

AI 학습 도구인 칸미고를 활용한 수학 문제 해결의 구체적인 순서를 알아보자. 먼저 아이가 풀기 어려운 수학 문제(예: 방정식, 기하학)를 칸미고에게 입력한다. 그러면 칸미고는 "이 문제에서 어떤 정보가 주어졌니?", "어떤 공식을 사용해야 할까?" 같은 질문을 던진다. 아이는 AI의 질문에 답하며 문제를 해결하는 과정을 스스로 고민하게 된다. 아이가 막히는 부분에서는 칸미고가 단계별로 작은 힌트를 제공한다. 아이는 결국 AI의 도움을 받아 스스로 답을 도출하게 된다. 이 과정에서 아이는 '왜' 정답인지 이해하고, 다음번에는 비슷한 문제를 혼자서도 풀 수 있는 힘을 얻게 된다.

AI와 함께 춤추는 교실: 국내외 AI 교육 사례

AI는 수학 교실뿐만 아니라 다양한 과목에서 아이들의 학습을 돕는 역할을 하고 있다. 국내외 교육 현장에서 AI가 어떻게 새로운 바람을 일으키고 있는지 더 자세히 알아보자.

서울의 한 초등학교에서는 영어 말하기 시간에 EBS 'AI 펭톡'을 쓴다. 귀여운 펭귄 캐릭터가 화면에 등장해 아이의 발음을 듣고, 바로 교정해 준다. "I like apples." 라고 말하면, 펭톡은 아이의 발음을 분석해 'apples'의 끝소리를 더 짧게 발음해야 한다고 즉시 피드백을 준다. 마지막 's' 발음(즉, '스' 또는 '즈' 소리)을 길게 늘이지 않고 짧고 간결하게 발음하도록 교정해 주는 것이다. 이렇게 즉각적인 피드백을 받으니, 발음이 부끄럽거나 교사 앞에서 긴장하던 아이들도 게임처럼 반복하며 자신 있게 말하게 된다. 3개월 뒤, 발표를 기피하던 아이가 영어 스피치 대회에서 상을 받는 놀라운 변화가 일어났다.

'AI 펭톡' 같은 AI 교육 앱은 원어민이 발음하는 방식과 학습자의 발음을 비교 분석해, 미묘한 소리의 차이까지도 실시간으로 잡아내 정확한 발음을 익히도록 도와준다.

한국의 한 중학교에서는 코딩 교육에 KT가 개발한 'AI 코디니(Codiny)'라는 AI 코딩 교육 플랫폼을 도입했다. 이 플랫폼은 복잡한 코딩 언어를 배우기 어려운 초보자들을 위해, 레고 블록을 쌓아 만들듯 코딩하는 방법인 블록 코딩 방식으로 AI 기술을 쉽게 익히도록 돕는다. 블록 코딩 방식은 복잡한 컴퓨터 언어 대신, 명령어가 담긴 블록들을 마우스로 끌어다 붙여 프로그램을 만들 수 있다.

아이들은 이 플랫폼을 이용해 '얼굴을 인식하면 특정 음악이 나오는' 프로그램을 만들거나, '날씨 데이터를 분석해 그림을 그리는' AI를 직접 만들어 보았다. 단순히 코딩을 배우는 것을 넘어, AI를 활용해 자신만의 아이디어를 현실로 구현하는 창작의 즐거움을 깨달은 것이다. 이처럼 AI는 아이들이 '기술의 소비자'가 아닌 '창작자'로 성장하도록 돕는 든든한 다리가 되어 준다.

'AI 코디니'는 복잡한 코딩 언어를 배우기 어려운 초등학생도 쉽게 AI 기술을 배울 수 있도록 돕는 교육 플랫폼이다. 마치 블록을 조립하듯 코딩을 할 수 있어서, 아이들이 재미있게 AI를 배우고 자신만의 작품을 만들 수 있게 해 준다. KT는 인공지능 인재 양성을 위해 'AI 코디니'를 개발했으며, 초중고는 물론 대학교까지 교육 대상을 확대하고 있다.

AI 학습의 예상치 못한 함정: 그림자 속의 위험

AI는 훌륭한 도구가 될 수 있지만, 잘못 사용하면 아이들의 성장을 가로막는 장애물이 되기도 한다. AI에 의존해 '스스로 생각하는 힘'을 잃어버린 아이들의 이야기는 우리에게 중요한 교훈을 남긴다.

서울의 한 고등학교에서는 학생들이 논술 과제를 제출할 때마다 AI 글쓰기 도구(예: 챗GPT, 클로드)를 활용하는 경우가 늘어났다. 처음에는 AI의 도움을 받아 글의 구조를 잡는 정도로만 사용했지만, 점차 AI가 써 준 글을 그대로 제출하는 학생들이 생겼다. 결국 이들은 자신의 생각으로 한 문장도 쓰기 어려워졌고, 비판적 사고나 창의적인 아이디어를 떠올리는 능력 자체가 퇴화했다. AI가 글쓰기의 어려움을 덜어 주었지만, 그 편리함이 아이들의 '생각하는 근육'을 약화했던 것이다. 이처럼 AI는 '주체적인 도구'가 아닌 '의존적인 대상'이 되는 순간, 아이의 성장을 방해할 수 있다. 클로드(Claude)는 미국 AI 연구 기업인 앤트로픽(Anthropic)이 개발한 대규모 언어 모델 제품군으로, 안전성과 신뢰성을 특히 강조하는 것으로 알려져 있다.

일본 오사카의 한 고등학교는 영어 작문 과제에 AI 번역 앱을 활용하도록 했다. 처음엔 학생들이 문법 실수를 줄이고 자신감을 얻었지만, 몇 달 뒤 교사는 이상한 점을 발견했다. 학생들이 스스로 문장을 만들지 않고, 일본어로만 생각한 뒤 AI 번역에 전적으로 의존한 것이다. 결국 시험에서 AI 사용이 금지되자 절반 이상의 학생이 한 문장도 제대로 쓰지 못했다. 이 사례는 'AI가 대신 해 주는 학습'과 'AI와 함께하는 학습'의 차이를 잘 보여 준다.

가정에서 시작하는 AI 시대 학습의 네 가지 원칙

AI 시대에 맞는 교육은 거창한 시설이나 최신 기술이 필요한 것이 아니다. 오히려 가정에서 부모와 아이가 함께 만들어 가는 작은 습관들이 더 중요하다. AI라는 거대한 강물에 휩쓸리지 않고, 그 강물을 지혜롭게 활용하는 방법들을 알아보자.

아이가 AI에게 궁금한 것을 물을 때, "AI는 이렇게 말하는데, 네 생각은 어때?"라고 되물어 보기 바란다. 아이는 AI가 제시한 정보에 만족하지 않고, 자신만의 생각과 관점을 더하는 습관을 기르게 된다. AI의 답변을 그대로 받아들이는 것이 아니라, 'AI와 대화하며 사고를 확장하는 방법'을 배우게 되는 것이다. 요컨대 AI를 '답'이 아닌 '질문'의 도구로 활용하는 것이 중요하다.

다음으로는 그림 그리기, 음악 작곡, 이야기 만들기 등 AI를 보조 도구로 활용해 함께 무언가를 창작해 보기 바란다. 아이가 AI와 협력해 멋진 결과물을 만들어 내는 경험은 AI를 수동적으로 소비하는 것이 아니라, 능동적으로 활용하는 '기술의 주체'로 성장하게 한다. 예를 들어, 아이가 그림을 그리면 AI에게 "이 그림에 어울리는 동화 이야기를 만들어 줘"라고 부탁하는 방식으로 협력의 재미를 느껴 볼 수 있다. AI와 '협력'하는 창작을 경험해 보는 것이 매우 효과적인 것이다.

AI가 알려 준 정보가 가끔 틀릴 수 있음을 솔직하게 이야기하고, 함께 다른 자료를 찾아보며 진위를 판단하는 연습을 하기 바란다. 이는 아이의 '미디어 리터러시(Media Literacy)' 능력을 키워 주는 가장 좋은 방법이다. 인공지능 챗봇인 챗GPT와 제미나이에게 "올 여름방학에 일본에서 오는 친구를 위해 서울 관광 안내를 하려고 하는데 서울의 대표적 관광 명소 다섯 곳을 추천해 줘"라고 물어보고, 챗GPT와 제미나이의 답을 직접 비교해 보며 그 차이를 찾아보기 바란다. "챗GPT와 제미나이가 알려 준 답이 조금 다르네? 왜 그럴까?" 같은 질문은 아이에게 비판적으로 생각하는 힘을 길러 준다. AI가 만든 정보를 '비판적'으로 바라보는 것이 중요하다.

일주일에 한두 번은 AI와 스마트폰을 잠시 내려놓고, 책을 읽거나 보드게임을 하며 사람과의 진정한 소통을 경험하는 시간을 마련하기 바란다. AI가 주는 편리함 뒤에 숨겨진 인간 본연의 가치와 따뜻함을 잃지 않도록 돕는 것은 부모의 중요한 역할이다. 이러한 '디지털 단식(Digital Detox)'은 아이가 스스로를 돌아보고, 오프라인 세상의 소중함을 깨닫는 계기가 된다. '디지털 단식'은 "스마트폰과 잠시 떨어져 가족, 친구들과 진짜 놀이를 하는 날"이라고 할 수 있다. AI가 멈추는 '디지털 단식'의 시간을 꼭 가져 보기 바란다.

AI 학습의 위험 신호와 부모의 역할

AI가 교실과 집에 들어왔다고 해서, 교사와 부모의 역할이 줄어드는 건 아니다. 오히려 더 섬세하고 중요한 역할이 필요하다. 아이가 AI를 잘못된 방식으로 사용하고 있다는 '경고등'을 잘 알아차리는 것이 중요하다.

먼저 AI가 답을 알려 주니 개념 이해 없이 문제 풀이만 빨라지는 경우다. 아이가 왜 그렇게 생각했는지, 어떤 원리로 문제를 풀었는지 물어보며 깊이 있는 사고를 유도해야 한다. 자녀가 AI 학습 도구의 도움으로 인해 속도만 빨라진 학습 경향을 보인다면, 이는 분명히 부모를 향한 '경고등'이라고 봐야 한다.

다음으로 아이가 질문 대신 AI의 답변만 기다리고, 스스로 생각하는 것을 귀찮아하는 경우, 아이가 AI를 잘못된 방식으로 사용하고 있다는 '경고등'이 켜진 것이다.

부모는 아이에게 "네 생각은 어때?"라는 질문을 자주 던져 아이가 자신의 의견을 말하도록 격려해야 한다. AI로 인해 아이의 자기 생각이 감소하지 않도록 부모가 파수꾼이 되어야만 한다.

AI와의 대화나 디지털 콘텐츠에만 몰두해 운동, 친구 관계, 가족 대화가 줄어드는 경우도, 아이가 AI를 잘못된 방식으로 사용하고 있다는 '경고등'이 켜진 것이다. AI 사용 시간을 적절히 제한하고, 오프라인 활동을 함께하는 시간을 의도적으로 만들어야 한다. AI로 인해 자녀의 오프라인 활동이 부족해지는 것을 부모는 늘 경계할 필요가 있다.

개인정보 입력에 대한 경각심이 없는 경우에도 아이가 AI를 잘못된 방식으로 사용하고 있다는 '경고등'이 켜진 것으로 볼 수 있다. AI와 대화할 때 실명, 주소, 학교명 등 중요한 개인정보를 말하지 않도록 사전에 교육해야 한다. AI 시대의 데이터 노출 위험을 부모는 인지해야 한다.

이러한 경고 신호를 빨리 발견하고 바로잡는 것이 부모의 가장 중요한 역할이다. AI는 아이의 학습 데이터를 분석해 약점을 알려 주는 '채점관' 역할을 하지만 그 데이터를 바탕으로 아이에게 따뜻한 조언과 격려를 해 주는

'진정한 멘토'는 바로 부모와 교사다.

AI는 '자동판매기'가 아니다

AI는 동전을 넣으면 답이 나오는 '지식 자동판매기'가 아니다. 올바르게 쓰면 아이를 격려하는 멘토가 되지만, 잘못 쓰면 생각을 멈추게 하는 족쇄가 된다. 미국의 칸미고, 한국의 AI 펭톡, 그리고 전 세계의 많은 교육용 AI 학습 도구가 성공할 수 있었던 공통점은 바로 AI가 정답을 주는 대신, 아이가 스스로 답을 찾게 만들었다는 점이다.

AI 시대의 학습 변화는 거스를 수 없다. 하지만 그 변화의 속도를 조절하고 방향을 잡아 주는 것은 여전히 사람, 바로 부모와 교사다. AI와 함께 걷는 길에서 우리는 아이들이 '기술의 소비자'가 아닌 '기술의 주인'으로 서게 해야 한다. 그러면 AI는 두려운 기계가 아니라 함께 미래를 여는 든든한 동반자가 될 것이다.

참고문헌

임소연 외(2025). 《AI 시대의 본질 키움》. W미디어.

전희일(2016). "인공지능 알파고 시대의 부모교육". 《부모교육연구》, 13(1), 93-108쪽, https://m.riss.kr/search/detail/DetailView.do?p_mat_type=1a0202e37d52c72d&control_no=34ddeb4bada5a84347de9

c1710b0298d

Ashraf, M.(2024.5.23). A systematic review on the potential of AI and ChatGPT for parental support and child well-being. University of Colorado Boulder, *ArXiv*, https://arxiv.org/abs/2407.09492

02
AI 시대의 진로 설계

옛 항해사들이 별빛으로 길을 찾았다면, 오늘날의 아이들은 AI라는 새로운 나침반을 들고 바다를 건넌다. 과거에는 '안정된 직업'이라는 등대가 있었지만, 이제 그 빛은 희미해져 버렸다. 이제 AI가 '새로운 나침반'이 되었다. 부모와 아이가 함께 이 나침반을 읽고, 바람과 파도를 타며 항로를 그려 가는 긴 여정이 이제 막 시작되었다.

노래하는 AI 보컬?

바람이 바뀌면 나침반도 바뀌어야 한다

옛날 옛적, 위대한 뱃사람들은 밤하늘의 별을 보고 길을 찾았다. 오늘날 AI라는 거대한 구름이 산업이라는 하늘을 뒤덮으면서, 과거의 길잡이 별들은 희미해지고 있다. 안정적인 직업이 AI에게 자리를 내주면서, 우리 아이들은 이제 망망대해 한가운데서 새로운 항로를 찾아야 할 때가 온 것이다.

이제 필요한 것은 별자리를 외우는 지식이 아니라, 변화하는 바람을 읽고 새로운 나침반을 사용하는 용기다. 부모와 아이가 함께 나침반을 들고 지도를 그리는 멋진 항해를 위한 가이드가 바로 여기 있다.

AI는 거대한 해류처럼 기존의 직업들을 쓸어 가고, 그 자리에 새로운 섬들을 만들어 내고 있다. 사라지는 직업을 보며 두려워하기보다 새롭게 떠오르는 직업의 가능성을 발견하는 것이 중요하다. 사라지는 직업과 새로 태어나는 직업의 면면을 잘 살펴야 한다.

미국의 대형 소매업체 '메이시스(Macy's)'는 매장 내 계산원을 대폭 줄이고, AI 기반의 무인 계산대와 로봇을 도입했다. 한때 활기 넘치던 계산원 자리가 사라지는 풍경은 이제 더 이상 놀라운 일이 아니다. 국내 한 대형 병원에서도 MRI 판독 보조 AI를 도입해 영상의학과 의사의 판독 시간을 절반으로 줄였고, 이제 의사들은 AI가 제시한 데이터를 바탕으로 환자와 더 깊은 상담을 하는 데 시간을 쏟고 있다. 사라지는 일자리의 그림자가 사회 곳곳에 드리워지고 있는 것은 엄연한 현실이다.

반면, 계산원과 단순 판독의 자리는 사라졌지만, 대신 AI를 다루고 활용하는 새로운 직업들이 생겨났다. 먼저 AI 프롬프트 엔지니어다. AI에게 똑똑한 질문을 던져 원하는 결과물을 얻어 내는 전문가라고 할 수 있다. 마치 마법사에게 정확한 주문을 외우는 일과 같다.

다음은 가상현실(VR) 콘텐츠 디자이너다. AI가 만들어 준 가상 세계를 아름답고 의미 있는 공간으로 꾸미는 창조자라고 할 수 있다. AI 윤리 전문가도 탄생한다. AI가 잘못된 결정을 내리지 않도록 윤리적 기준을 세우고 관리하는 법의 수호자인 셈이다. 또한, 환자 경험 디자이너도 출현한다. 병원에서 환자가 더 편안하고 만족스러운 경험을 하도록 돕는 서비스 전문가인 셈이다.

AI는 단순히 인간의 일을 뺏는 존재가 아니라, 더 중요하고 창의적인 일에 집중할 수 있도록 돕는 '새로운 동반자'인 것이다. 이렇게 새롭게 떠오르는 일자리의 섬들을 우리는 주목하지 않으면 안 된다.

AI와 함께 만든 '나만의 별자리'

AI 도구를 올바르게 사용한 아이들은 자신도 몰랐던 재능을 발견하고, 미래에 대한 확신을 얻게 된다. AI가 아이의 진로에 빛을 비춰 준 사례를 살펴보자.

경기도 고양시에 사는 중학생 지훈이는 과학을 좋아했지만, 무엇을 전공해야 할지 몰랐다. 부모님은 그에게 AI 진로 탐색 도구 '파이메트릭스(Pymetrics)'를 권했다. 지훈이는 20분간 화면 속 게임을 하며 반응 속도, 집중력, 위험 감수 성향 등 9가지 핵심 역량을 측정받았다. 파이메트릭스는 지훈이의 성향을 분석해 "데이터 분석가, 환경 과학자, 로봇 설계 엔지니어"를 추천했다. 파이메트릭스는 마치 재미있는 게임을 하면서 나도 모르게 숨겨진 재능을 찾는 보물찾기 도구와 같다. 미국 뉴욕에서 시작된 이 서비스는 딱딱한 시험 대신 신나는 게임으로 아이의 집중력, 기억력 등을 분석해 어떤 직업이 잘 맞는지 알려 주는 신기한 나침반이다.

지훈이는 파이메트릭스가 제공하는 가상현실 체험을 통해 가상 연구실에서 '바이오 로봇'을 설계하는 체험을 했다. 딱딱한 교과서에서만 보던 로봇을 직접 조립하고 작동시키는 경험을 하면서 그는 "이게 내가 정말 하고 싶은 일"이라는 확신을 가졌다. 이후 지훈이는 로봇 동아리에 가입해 관련 활동을 이어 갔고, 이제는 VR 콘텐츠 제작 동아리 활동을 통해 로봇을 위한 가상 시뮬레이션 환경을 만들겠다는 새로운 목표까지 세웠다. 파이메트릭스는 지훈이에게 '네가 어떤 항해를 즐길 수 있는지'를 보여 주는 '신기한 망원경'이 되어 주었다. AI로 꿈을 찾은 지훈이의 항해에 박수를 보낸다.

'편한 답'이라는 늪에 빠진 아이들

반면, AI는 때로는 달콤한 유혹으로 다가와 아이들의 성장을 가로막기도 한다. AI가 제공하는 '편한 답'만 좇다가 길을 잃어버린 아이들의 이야기는 우리에게 중요한 교훈을 남긴다.

일본 오사카의 한 고등학교 2학년 아야는 AI 진로 추천 앱에서 "마케팅 기획자"라는 결과를 받았다. AI의 추천에 흥분한 아야는 앱이 제시한 필수 역량이나 학습 경로는 자세히 살펴보지 않고, 오로지 '마케팅 기획자'라는 멋진 직업명에만 사로잡혔다. 그녀는 마케팅 분야의 핵심인 통계, 소비자 분석, 데이터 처리 능력이 필요하다는 점을 간과했다. 결국 대학 1학년 때, 자신이 수학과 데이터 분석을 어려워한다는 사실을 깨닫고 큰 좌절을 겪으며 전공을 포기하게 되었다. 이 사례는 AI의 추천에는 함정이 있으며, 그것은 어디까지나 '출발점'이지 '목적지'가 아니라는 것을 잘 보여 준다. AI는 단순히 검색해서 나온 결과를 보여 주는 '자동 응답기'가 아님을 아이와 부모 모두 명심해야 한다.

서울의 한 중학생 현서는 '글쓰기를 잘하고 싶다'는 마음에 AI 글쓰기 도구를 사용하기 시작했다. AI는 그의 문장을 더 매끄럽게 다듬어 주었고, 현서는 점차 AI에게 자신의 생각을 맡기기 시작했다. 처음에는 편리했지만, 시간이 지날수록 현서는 AI가 없는 상태에서는 한 줄의 글도 쓸 수 없는 자신을 발견했다. 자신의 생각과 감정이 담긴 글이 아닌, AI가 만들어 준 매끈하지만 영혼 없는 글만 써 왔기 때문이다. 이 사례는 AI에 자신의 목소리를 잃어버린 아이의 이야기이며, AI가 아이의 '창의성'과 '자기 주도성'을 앗아갈 수 있음을 경고한다.

AI 진로 탐색 도구 파이메트릭스 사용법과 원리

AI를 통한 진로 탐색 도구인 파이메트릭스는 뉴욕에 본사를 둔 AI 스타트업이 개발한 도구다. 이 서비스는 단순히 설문지를 채우는 기존의 방식과 달리, 뇌과학 기반의 게임을 통해 사용자의 잠재력과 성향을 분석하는 것이 특징이다.

파이메트릭스를 사용하기 위해서는 우선 파이메트릭스 웹사이트에 접속해 간단한 프로필을 작성한다. 이때, 이름, 나이, 관심 분야만 입력하고, 민감한 개인정보는 입력하지 않도록 한다. 파이메트릭스는 진로를 알아보려고 하는 아이에 대한 심층 분석을 위해 게임을 기반으로 평가를 하는데 총 12가지 게임을 진행한다. 이 게임들은 재미있어 보이지만, 사실은 아이의 인지 능력과 행동 패턴을 분석하는 정교한 도구다.

예를 들면 화면에 잠깐 나타난 도형의 위치를 맞히는 게임이 있는데 이것은 아이의 집중력과 단기 기억력을 측정한다. 또 다른 게임으로는 가상의 투자 게임에서 자산 분배를 결정하는 게임이 있으며, 이것은 아이가 얼마나 도전적이고 위험을 감수하는 성향인지 분석한다. 또 한 가지 게임은 제한 시간 내에 색과 글자가 다른 카드를 찾는 게임인데 아이의 순간적인 판단력과 주의 깊은 성향을 파악한다.

이러한 게임들의 결과를 바탕으로 AI는 90여 개 직업군 중 상위 10개를 추천한다. 각 직업에 필요한 역량, 평균 연봉, 근무 환경, 성장 가능성 등을 상세하게 보여 준다. 그다음 순서로는 이렇게 추천받은 직업의 현장을 가상현실과 영상 콘텐츠를 통해 간접적으로 경험한다. 예를 들어 '환경 과학자'를 선택하면 가상 실험실에서 토양 샘플을 분석하는 장면을 체험할 수 있다. 이 과정에서 '진짜 하고 싶은 일'을 찾을 수도 있다. 마지막으로 AI가 추천한 필수 역량(예: 통계, 프로그래밍, 의사소통)을 기반으로 학습 계획표를 만든다. 이 과정에서 '1년 안에 기초 통계 강의 수강' 같은 구체적인 목표를 아이와 부모가 함께 설정하면 좋다.

부모의 역할: 든든한 '항해 동반자' 되기

AI가 나침반을 만들어 주지만, 그 나침반을 읽고 아이의 항해를 돕는 역할은 여전히 부모의 몫이다.

먼저 부모는 아이의 '눈빛'을 관찰하기 바란다. 아이가 AI 진로 도구를 쓸 때, 어떤 부분에 오래 머무는지, 어떤 직업 설명에서 눈이 반짝이는지 살핀다. 아이의 호기심이 머무는 지점이 바로 '보물섬'의 위치일 수 있다.

다음으로는 아이와 부모가 함께 '현실'과 연결한다. AI가 추천한 직업을 가상현실로 같이 체험하고, "어땠어? 힘들었던 점은?"이라고 묻는다. 더 나아가 추천 직업과 관련된 사람을 실제로 만나게 하거나, 직업 체험 프로그램에 연결해 주는 '다리'가 되어 줘야 한다. AI의 추천이 마음에 들지 않거나, 도전 후 실패하더라도 "좋아, 이건

너한테 맞지 않는다는 걸 알았네"라며 다음 길을 찾게 돕는 것이 바람직하다. AI는 무수히 많은 길을 보여 주지만, 어떤 길이 자신에게 맞지 않는지 아는 것도 중요한 성장이다. 부모는 아이의 실패를 '성장'의 기회로 바꿔 줄 수 있다.

AI와 함께 그리는 항해 지도

AI는 우리 아이들에게 '미래 직업 목록'을 던져 주는 기계가 아니다. 대신, 아이가 스스로의 강점과 약점을 발견하고, 세상에 어떤 길이 있는지 보여 주는 조타수다. AI 시대의 진로 설계는 거센 바람을 타고 새로운 대륙을 찾아가는 항해와 같다.

바람의 방향은 바뀌었지만, 나침반은 여전히 쓸 수 있다. 중요한 것은 그 나침반을 읽는 법을 아이에게 가르쳐 주는 일이다. AI를 두려운 미래의 파도로 여기지 말고, 아이와 함께 새로운 세계를 탐험할 수 있는 든든한 항해 동반자로 여기는 태도가 필요하다.

참고문헌

Buyton, E.(2025). *AI parenting: Nurturing resilient, confident kids for the digital future.* Independently Published.

Croeser, S. & Eckersley, P.(2019). Theories of parenting and their application to artificial intelligence. *Conference on artificial intelligence, ethics and society 2019(AIES'19)*, pp.423-428, https://www.aies-conference.com/2019/wp-content/papers/main/AIES-19_paper_147.pdf

de la Cruz, A. J.(2024). *Parenting in the AI era: How artificial intelligence is revolutionizing your children's education.* Independently Published.

03
교실 속 인공지능

아침 종이 울리면 아이들이 교실로 모인다. 예전엔 칠판 위 분필 가루가 햇빛에 반짝였지만, 이제는 화면 속 보이지 않는 AI 선생님이 아이들을 맞이한다. 이 선생님은 웃지도 꾸중하지도 않지만, 민수의 빠른 계산과 은지의 느린 풀이를 모두 기억한다. 아이들 책상 위로 빛처럼 스며든 AI는 교실 구석구석에 작은 변화의 씨앗을 뿌리며 배움의 풍경을 새롭게 그리고 있다.

인공지능과 편향?

분필 가루 대신 데이터가 흩날리는 교실

아침 종이 울리면 아이들이 교실로 들어선다. 예전에는 분필 가루가 날리는 칠판 앞에서 선생님이 수업을 시작했지만, 이제는 교실 앞 스크린 속 '보이지 않는 선생님', 즉 AI가 아이들을 기다린다. 이 선생님은 목소리도 표정도 없지만, 아이 한 명 한 명의 학습 속도를 기억하고, 오늘 어떤 문제가 어려울지 미리 알고 있는 신기한 조력자다.

AI가 교실에 들어오면서 교사의 역할이 변화하고, 아이들의 학습 방식과 잠재력도 함께 변화했다. AI가 반복적인 채점이나 데이터 분석 같은 일을 대신 해 주면서, 교사는 학생 한 명 한 명에게 더 집중하고, 창의적인 수업을 기획하는 등 더 중요한 역할에 집중하게 되었다. 그런가 하면 아이들은 AI 덕분에 모든 아이가 똑같은 것을 배우는 것이 아니라, 자신에게 꼭 맞는 맞춤형 학습을 할 수 있게 되어 스스로 재능을 발견하고 성장하는 주체적인 학습자가 되었다. AI가 교사와 학생의 역할을 빼앗는 것이 아니라, 서로의 강점을 극대화하는 협력 관계를 만들어 준다.

AI는 더 이상 먼 미래의 기술이 아니다. 이미 세계 곳곳의 교실에서 아이들의 학습을 돕고 있다. AI를 활용해 수업의 풍경을 완전히 바꾼 사례들을 살펴보자. 서울의 한 중학교 수학 시간이다. 교사는 더 이상 모든 학생에게 똑같은 문제집을 주지 않는다. 그 대신에 '콴다(QANDA)'라는 AI 기반 학습 앱을 활용한다. 콴다는 매스프레소(Mathpresso)라는 한국 회사가 개발했고, 스마트폰으로 찍은 수학 문제를 풀어 주는 한국 앱이다. 수업 전, 아이들은 지난 시간에 풀었던 문제를 스마트폰으로 찍어 앱에 올린다. AI는 각자의 오답 패턴을 정교하게 분석해 '이번 시간에 풀어야 할 나만의 문제 세트'를 자동으로 만들어 준다. 수학을 잘하는 민수는 심화 문제를, 아직 분수 계산이 서툰 은지는 기초 문제를 받는다. 교사는 이 데이터를 보고 "민수는 오늘 팀 프로젝트에 더 집중해 보고, 은지는 기초를 다시 복습하자"라고 지도한다. 이 수업에서 3개월 만에 전체 반의 평균 점수가 15% 올랐으며, 특히 수학을 포기하던 학생들이 다시 문제집을 펼치게 된 것이 가장 큰 변화였다. 이처럼 AI는 '모두에게 똑같은 교육'이 아닌 '모두에게 다른 교육'을 가능하게 하는 혁신의 씨앗이 된다.

미국 시카고의 한 고등학교 역사 수업에서는 챗GPT와 가상현실 기술을 결합했다. AI가 학생 수준에 맞춰 1860년대 미국 남북전쟁 당시의 '가상 기자 체험'을 설계

한다. 학생들은 가상현실 안경을 쓰고 전쟁터 한가운데 서서 병사들을 인터뷰하고, AI는 역사 자료를 바탕으로 병사 역할로 실시간 대답을 해 준다. 예를 들어, 학생이 "왜 북군은 이렇게 싸웠나요?"라고 물으면 AI는 병사의 관점에서 당시 상황을 설명해 준다. 수업이 끝나면 학생들은 '내가 만난 병사의 이야기'라는 보고서를 작성한다. 단순 암기가 아니라, 역사 속 사람과 직접 대화하며 그들의 삶을 체험하는 수업이 된 것이다.

인도의 한 초등학교에서는 영어 작문 수업에 AI 튜터 '글래디스(Gladys)'를 도입했다. 글래디스는 아이들이 쓴 작문 내용을 분석해 단순히 문법 오류만 수정해 주는 것이 아니라, 문장의 흐름이나 표현력까지 첨삭해 준다. 예를 들어, 아이가 "My dog is big(우리 집 개는 크다)"이라고 쓰면, 글래디스는 "My dog, a gentle giant, wags his tail(멋쟁이 거인인 우리 집 개가 꼬리를 흔든다)"과 같이 더 풍부한 표현을 제안하며 아이의 어휘력을 확장해 준다. 교사는 AI 튜터가 준 피드백을 바탕으로 개별 학생과 심도 있는 대화를 나누며 창의적인 글쓰기 방법을 가르쳐 준다. 덕분에 아이들은 자신의 글쓰기 실력이 성장하는 것을 체감하며 영어 공부에 자신감을 갖게 되었다.

실패 사례: AI가 숨겨진 그림자

AI는 훌륭한 도구가 될 수 있지만, 잘못 사용하면 아이들의 학습에 독이 되기도 한다. AI에 과도하게 의존해 '생각하는 힘'을 잃어버린 아이들의 이야기는 우리에게 중요한 경고를 보낸다.

일본 후쿠오카의 한 중학교는 AI 영어 번역기를 수업에 적극 도입했다. 처음엔 학생들이 문법 실수를 줄이고 자신감을 얻었지만, 시간이 지나자 스스로 문장을 만드는 학생이 줄었다. 시험에서 AI 사용이 금지되자 절반 이상이 간단한 문장도 쓰지 못했고, 교사는 "도구가 학생의 '생각하는 근육'을 빼앗았다"라고 말했다. 이 사례는 AI가 대신해 주는 학습은 위험하다는 경고다. AI는 길을 안내하는 지도일 뿐, 걸어가는 것은 학생 자신이어야 한다.

또한, 모든 학교가 AI 교육에 적극적으로 나서는 것은 아니다. 서울의 한 초등학교에서는 AI 수학 튜터를 사용해 학습 부진아를 돕는 데 성공했지만, 옆 동네 학교는 AI 학습 도구에 대한 예산 부족과 학부모의 반대로 도입하지 못했다. 결과적으로 AI를 활용한 학교의 학생들은 맞춤형 학습을 통해 빠르게 성장한 반면, 그러지 못한 학교의 학생들은 학습 격차가 더 벌어지는 '디지털 양극화' 현상을 경험했다. 같은 학교 안에서도 디지털 기기에 익숙한 중산층 가정 학생에 비해 디지털 기기를 보유하지 못한 다문화 가정 학생들은 교실 수업에서 소외되는 현상이 나타난다. AI가 기술 접근성이나 가정 환경의 차이로 인해 오히려 교육 불평등을 심화할 수 있다는 씁쓸한 교훈을 남겼다.

AI 학습 도구 '콴다'

수많은 AI 학습 도구 중, 한국에서 개발되어 전 세계로 뻗어 나가는 '콴다(QANDA)'는 특히 수학 문제 풀이와 개별 맞춤형 학습 지원에 강점을 보인다. 마치 아이의 학습 상태를 실시간으로 살피는 똑똑한 학습 비서와 같다.

콴다의 사용 방법은 복잡하지 않다. 아이가 풀기 어려운 수학 문제를 스마트폰 카메라로 찍는다. 콴다는 종이 문제집이나 칠판에 적힌 문제를 정확하게 인식한다. AI가 문제를 인식하고, 수십억 개의 빅데이터를 바탕으로 가장 효율적인 풀이 과정을 단계별로 보여 준다. 단순히 답만 알려 주는 것이 아니라, 왜 그런 방식으로 풀어야 하는지를 설명해 준다.

학생의 오답 패턴과 문제 풀이 속도를 분석해 어떤 개념이 부족한지 파악하고, 그에 맞는 유형의 문제를 추천한다. 아이는 자신에게 꼭 필요한 문제만 골라 풀 수 있다. 풀이를 봐도 이해가 안 되면, 앱 내 질문과 답변(Q&A) 기능으로 실제 교사나 다른 학생에게 질문할 수 있다. 콴다의 가장 큰 강점은 AI의 도움을 넘어, 사람의 도움까지 연결해 준다는 점이다.

부산의 한 중학교에서는 수학 보충 수업에 콴다를 도입했다. 수업 전, 학생들은 콴다로 지난주 숙제를 찍어 제출한다. AI가 분석한 결과를 바탕으로, 교사는 '기초반'과 '심화반'을 나눠 그룹별 수업을 진행한다. 수업 후, 학생들은 집에서 콴다가 추천한 복습 문제를 푼다. 결과는 놀라웠다. 수학 기초가 부족한 학생 12명 중 9명이 기말고사에서 평균 20점 이상 성적이 향상되었다. AI는 교사의 부족한 손길을 채워 주었고, 아이들은 '나만 못한다'는 좌절감 대신 '나도 할 수 있다'는 자신감을 얻었다.

부모가 알아야 할 교실 변화

AI가 교실에 들어오면서 부모의 역할은 더욱 중요해졌다. 이제 부모는 단순히 아이의 성적표를 확인하는 것이 아니라, 아이의 'AI 학습 가이드북'을 함께 만들어야 한다.

부모는 당연히 자녀의 학교에서 어떤 AI 도구를 쓰는지, 그 도구의 장단점은 무엇인지 알아 두어야 한다. 학교 설명회나 학부모 회의에서 적극적으로 질문하고, 가능하다면 직접 써 보는 것이 좋다. 학교에서 콴다를 쓴다면, 집에서도 비슷한 방식으로 복습하도록 돕는다. 아이가 AI가 제시한 풀이를 '베끼는 것'이 아닌 '이해하는 것'에 집중하도록 옆에서 격려해 주기 바란다,

부모는 아이와 함께 AI를 '맹신하지 않는 습관'을 길러야 한다. 예를 들어, AI가 제시한 답이나 자료를 볼 때 "이게 정말 사실일까?"라고 함께 의심해 보고, 그 근거를 찾아보는 것이다. 주말에 신문이나 인터넷에서 의심스러운 기사를 골라 'AI 진위 수사관' 역할을 해 보는 놀이도 좋다. 아이는 자연스럽게 정보의 출처와 신뢰성을 가려내는 눈을 기르게 된다.

AI가 없으면 아이가 공부를 못하는 상황이 오지 않도록, 아이가 종이와 연필로 생각하는 시간을 꼭 남겨 두어야 한다. 수학 문제를 풀 때 AI에게 묻기 전에 먼저 스스로 고민하는 습관을 들이도록 돕는다. AI는 우리 아이의 손발이 아니라, 더 높은 곳으로 날아오를 수 있게 돕는 날개가 되어야 한다. 아이가 AI에 지나치게 의존하지 않도록 늘 경계하면서, 아이의 '아날로그 근육'을 키워 줄 필요가 있다.

AI는 교실의 '마법 지팡이'가 될 수도, '의존의 사슬'이

될 수도 있다. 부모가 해야 할 일은 단순히 도구 사용을 허락하는 것이 아니라, 그 도구를 어떻게 쓰느냐를 함께 고민하는 것이다. AI가 주는 편리함 속에서 아이가 스스로 생각하고, 다른 사람과 나누며, 세상을 탐험하는 힘을 키우도록 돕는 것이 우리의 가장 중요한 임무다.

분필 가루 대신 데이터가 흩날리는 교실, 그 속에서 아이가 길을 잃지 않도록, 부모가 든든한 나침반이 되어 주어야 한다. 그리하면 AI는 두려운 기계가 아니라, 우리 아이의 상상력과 가능성을 확장하는 가장 든든한 수업 파트너가 될 것이다.

참고문헌

Escoredo, M. C. et al.(2025.2.27). Enhancing parental skills through artificial intelligence-based conversational agents: The PAT Initiative. *Family Relations,* 74, pp.1250-1265, https://onlinelibrary.wiley.com/doi/10.1111/fare.13158

Hollingsworth, K.(2024). *Melody: Teaching parents how to maximize AI: The future of parenting is here.* Independently Published.

Kits for Life(2025). *Parenting in the Age of AI.* Independently Published.

04

성적보다 중요한 것

마을 놀이터에 새로운 친구가 나타났다고 상상해 보라. 그 친구는 모든 책을 읽었고, 수학 문제도 척척 풀지만, 놀이터에서 아이들과 함께 놀 줄도 안다. 바로 AI 학습 도구들이다. 이제 아이들은 그 친구와 함께 더 넓은 세상을 향해 문을 열고 있다. 부모는 점수에 매이기보다 다양한 경험과 열린 대화를 통해 자녀가 창의력을 키우도록 돕고, 변화하는 세상에서 주도적으로 살아갈 기반을 마련해 주어야 한다.

청각장애인과 AI?

점수 대신 날개를 키우는 법

아이가 시험지에 100점을 받아 왔을 때, 우리는 기뻐한다. 하지만 그 100점이 아이의 모든 것을 말해 줄까? 만약 내일 세상이 달라져서 그 시험 문제가 아무 쓸모가 없어진다면, 그 점수는 어디로 갈까?

AI 시대는 마치 갑자기 바람의 방향이 바뀐 바다와 같다. 과거에는 높은 성적이라는 '큰 돛'이 필요했지만, 이제는 언제든 방향을 바꿀 수 있는 '유연한 키'가 더 중요해졌다. 그 키는 바로 창의력, 비판적 사고력, 협업, 그리고 공감 능력이다. 이 장에서는 AI 시대에 아이의 점수보다 훨씬 중요한 날개를 키우는 방법에 대해 이야기해 보려고 한다.

AI는 단순히 문제의 정답을 찾아 주는 똑똑한 도구가 아니라, 아이들의 상상력에 마법을 불어넣는 '마법의 붓'이 될 수 있다. AI와 함께 상상력을 키워 나간 아이들의 이야기를 들어 보자.

미국 뉴욕에 사는 초등학생 앨리스는 그림 그리기를 좋아했지만, 머릿속에 있는 거대한 우주 그림을 종이에 표현하는 데 어려움을 느꼈다. 앨리스의 부모님은 앨리스와 함께 미국 토이저러스(Toys "R" Us)가 만든 AI 이미지 생성기인 '이미지내리엄 키즈(Imaginarium Kids)'를 사용하기 시작했다. 앨리스가 "거대한 도서관 행성 위에 앉아 있는 고양이"라고 말하면, AI는 그 문장을 멋진 그림으로 뚝딱 만들어 주었다. 처음에는 간단한 단어만 말했지만, AI가 더 자세한 설명을 원하자 앨리스는 "무지개 빛깔의 털을 가진 고양이, 책들이 별처럼 반짝이는 우주"와 같이 더 풍부한 표현을 생각하게 되었다.

AI는 앨리스가 그린 스케치를 바탕으로 더 세밀한 배경을 만들어 주거나, 전혀 예상치 못한 색감을 제안해 주기도 했다. 이 경험을 통해 앨리스는 자신의 상상력을 시각화하는 방법을 깨달았고, 이제는 친구들에게 AI로 만든 그림을 보여 주며 "내가 만든 이야기의 주인공이야!"라고 자랑한다. AI는 앨리스의 창의력에 날개를 달아 준 셈이다.

이미지내리엄 키즈와 함께하는 창의력 놀이

먼저 부모는 아이가 어떤 그림을 그리고 싶은지 말하게 한다. 예를 들면 "숲속에 사는 용"을 그려 달라고 한다. 그다음에는 부모가 아이에게 더 구체적인 질문을 던지며 상상력을 확장한다. 예를 들어 "용의 색깔은?", "숲은 어떤 느낌이야?"라고 아이에게 묻는다. 아이가 "아기 용인데, 털이 복슬복슬하고, 눈이 반짝여. 숲은 빛이 들어

와서 반짝반짝해"와 같이 대답하면, 이 내용을 이미지내리엄 키즈에 입력한다.

AI가 만든 여러 버전의 "숲속의 용" 그림을 함께 보며 이야기를 나눈다. "이 그림은 왜 이렇게 나왔을까?", "다음에는 어떤 점을 바꿔 볼까?" 같은 질문은 아이의 비판적 사고력을 키워 준다. 그리고 AI가 만든 그림을 바탕으로 아이가 직접 이야기를 지어 보게 한다. 그림 속 용의 이름은 무엇이고, 어떤 모험을 하는지 자유롭게 상상하게 한다.

실패의 그림자: 창의력을 잃어버린 아이들

AI는 상상력을 펼치는 도구가 될 수도 있지만, 때로는 아이의 생각하는 힘을 빼앗는 족쇄가 될 수도 있다. AI에 과도하게 의존해 창의력을 잃어버린 아이들의 이야기는 우리에게 중요한 교훈을 남긴다.

미국 캘리포니아의 한 고등학교에서는 수학 수업에 포토매스(Photomath)라는 '자동 풀이 AI 앱'을 전면 도입했다. 포토매스는 크로아티아에서 개발된 것으로, 사진을 찍으면 수학 문제를 인식해 단계별 풀이를 제공해 준다. 포토매스 덕분에 학생들은 스마트폰 카메라로 문제를 찍으면 풀이 과정과 정답을 바로 확인할 수 있었다.

처음엔 숙제 제출률이 높아지고 시험 성적도 올랐지만, 몇 달 뒤 중간고사에서 예상치 못한 일이 벌어졌다. 응용 문제와 새로운 유형의 문제가 나오자, 많은 학생이 풀이를 시작조차 못 한 것이다. 평소 AI가 제공한 풀이 과정을 '이해'가 아니라 '암기'만 했기 때문이다. 한 학생은 "앱 없이는 풀 수 있는 게 거의 없다"라고 털어놓았다. 교사는 "도구가 공부를 편하게 만들었지만, 결국 아이들의 '생각의 체력'을 약하게 만들었다"라고 말했다. 이 경험은, AI가 단기 성과를 줄 수는 있지만 장기적으로 사고력과 문제 해결력을 갉아먹을 수 있다는 교훈을 남겼다.

서울에 사는 초등학생 민준이는 AI 그림 생성기에 푹 빠져 있었다. 처음에는 상상력을 발휘해 다양한 그림을 만들었지만, 점차 AI가 만들어 준 멋진 결과물에만 집착했다. AI에게 계속해서 더 화려하고 멋진 그림을 요구하면서, 정작 본인이 직접 그림을 그리는 것을 멈췄다. 종이와 연필을 들면 "AI만큼 멋지게 그릴 수 없어"라고 말하며 좌절했고, 결국 AI 그림을 '보는 것'에만 만족하게 되었다. 이처럼 AI는 아이의 창의력을 자극하는 도구가 아닌, 아이의 노력을 대신하는 '편리함'으로 전락할 때 오히려 창의력을 잃게 만드는 독이 될 수 있다.

점수 대신 '날개'를 키우는 법

AI 시대에 부모는 '감독'이 아니라 '탐험 동반자'가 되어야 한다. 아이가 점수라는 작은 울타리에 갇히지 않고, 넓은 세상으로 날아갈 수 있는 '날개'를 달아 주는 방법을 알아보자.

아이가 사용하는 학습 앱이나 창작 도구를 부모도 직접 경험해 보기 바란다. 그리하면 아이가 어떤 과정을 거치는지, 어떤 어려움을 느끼는지 이해할 수 있다. 예를 들어, 콴다, 듀오링고, 챗GPT 중 하나라도 직접 써 보면 AI의 장단점은 물론, 아이와 어떤 대화를 나누어야 할지 알 수 있다.

소크라틱(Socratic)이라는 자동 풀이 앱도 훌륭하다. 수학뿐 아니라 과학 · 역사 등 다양한 과목의 학습을 지원한다. 원래 미국 뉴욕에 본사를 둔 소크라틱이라는 스타트업이 2013년에 개발했고, 그 후 2019년에 구글이 인수해 현재는 구글 AI 기반의 교육 앱으로 운영되고 있다.

아이의 비판적 사고력을 길러 주려면 AI가 알려 준 답을 그대로 믿지 않고, "이게 정말 맞을까?"라고 함께 따져 보는 습관을 들이기 바란다. 뉴스 기사를 AI에게 요약시킨 뒤, 다른 출처와 비교하며 정보의 진위를 파악하는 놀이도 좋다. AI의 답변에 대해 "어떻게 이런 결론이 나왔을까?"와 같이 질문하며, 아이가 비판적으로 사고하는 힘을 키우도록 도와주어야 한다.

아이의 창의력을 향상하려면 AI에게 그림 소재를 제시하게 하고, 아이가 그 그림을 보고 짧은 이야기를 지어 보게 한다. 중요한 것은 결과물이 아니라 아이가 상상하는 과정이다. 부모도 함께 참여해 아이의 이야기에 살을 붙여 주면, 아이는 자신의 상상력이 확장되는 경험을 할 수 있다.

이를 위한 AI 기반 스토리텔링 앱으로는 스토리비(StoryBee)가 대표적이다. 아이가 좋아할 만한 주제, 캐릭터 또는 설정을 입력하면 AI가 맞춤형 이야기와 그림을 생성해 주는 어린이 전용 스토리텔링 도구다. 대화형 내레이션과 적응형 학습 기능도 함께 제공되어 아이의 연령과 흥미에 맞는 맞춤형 창작 활동이 가능하다. 키드제니(Kidgeni)도 아이들이 다양한 방식으로 AI를 탐구할 수 있는 안전한 웹 기반 놀이터다. 입력한 텍스트를 바탕으로 이미지, 그림, 이야기를 생성하는 3가지 모드(create, draw, stories)를 제공하며, AI 도구에 익숙하지 않은 아이들도 즐겁고 창의적으로 접근할 수 있다.

아이가 실패를 경험하면서 성장할 기회를 제공하는 것도 AI 시대의 좋은 육아법이다. AI 없이 숙제를 하게 하고, 틀린 부분은 함께 분석한다. '틀려도 괜찮다'는 안전망이 있어야 아이들은 AI에 의존하지 않고 새로운 시도를 할 수 있다. AI가 아닌 자기 스스로의 힘으로 문제를 해결하려는 용기가 창의력의 첫걸음이다.

아이의 공감 능력을 키우려면 하루에 10분만이라도 아이가 AI로 배운 내용을 부모에게 설명하게 한다. 설명하며 느낀 감정과 생각을 묻는 대화가 아이의 공감 능력을 키우고, AI에 대한 올바른 가치관을 형성하게 한다.

AI는 책상 위 연필처럼 하나의 도구일 뿐이다. 도구를 잘 쓰면 아이는 하늘을 날 수 있고, 잘못 쓰면 의자에만 앉아 있게 된다. 우리가 아이에게 줄 수 있는 최고의 선물은 점수라는 숫자가 아니라, 배움을 즐기고 세상을 궁금해하는 마음이다. 부모가 이런 환경을 만들어 준다면, AI는 아이의 가장 든든한 조력자가 된다. AI의 도움으로 아이에게 날개가 형성된다면 그 날개는 평생 꺾이지 않을 것이다.

참고문헌

Love, A. D.(2025.2.20). The spark of tomorrow: Parenting in the age of AI, *The Parent Venture*. Youtube, https://youtu.be/EKQ0le-ABLY?si=Jax81LHBYkXhXHiq

McDaniel, B. T. et al.(2025.4). Artificial Intelligence in Everyday

Family Life: Issues, applications, and implications. *Family Relations*, 74(3), pp.1049–1055, https://www.researchgate.net/publication/392433528_Artificial_Intelligence_in_Everyday_Family_Life_Issues_applications_and_implications

Neugnot-Cerioli, M. & Laurenty, O. M.(2024.5.25). The future of child development in the AI era: Cross-disciplinary perspectives between AI and child development experts. *GPCR Internalization Studies*, pp.1–45. *ArXiv*, https://arxiv.org/abs/2405.19275

05
스스로 배우는 아이로 키우기

바다에는 매일 수많은 조개껍데기가 파도에 실려 온다. 하지만 모래사장에 서서 바라보기만 하면, 그 껍데기는 금세 발밑 모래와 함께 사라진다. AI 시대의 공부도 이와 같다. 지식의 파도가 아무리 밀려와도, 스스로 손을 뻗어 집고 살펴보는 힘이 없다면 남는 건 없다. 아이가 AI와 함께 걸으며, 자기 힘으로 배움을 움켜쥘 수 있는 길을 이야기한다.

AI 콘텐츠 크리에이터?

AI, 학습의 '동승자'가 되다

바닷가 모래사장에서 아이가 조개껍데기를 줍고 있었다. 파도가 한 번 밀려오면 새로운 껍데기가 또 쏟아진다. 그런데 아이가 계속 바다만 바라보며 기다리기만 한다면 어떨까? 스스로 걸어가 주워 담지 않는 한, 아무리 많은 껍데기가 밀려와도 손안에 남는 건 없다.

AI 시대의 공부가 바로 이와 같다. 정보의 '파도'는 끝없이 밀려오지만, 스스로 집어 들고 모양을 살펴보고 쓸모를 판단하는 힘이 없다면, 지식은 금세 발밑 모래처럼 사라진다. 이 힘이 바로 자기 주도 학습이다. 이 장에서는 AI 시대에 아이가 스스로 배우는 즐거움을 깨닫도록 돕는 방법에 대해 이야기해 보려고 한다.

AI는 단순히 답을 알려 주는 '정답 기계'가 아니다. AI는 아이가 스스로 목표를 세우고, 자신의 부족한 점을 깨닫고, 다음 단계로 나아가도록 돕는 '동승자'가 될 수 있다. AI를 활용해 자기 주도 학습 능력을 키운 아이들의 이야기를 들어 보자.

영국 브리스톨에 사는 열세 살 앨리는 수학을 유난히 어려워했다. 엄마도 처음엔 문제집을 더 사 주고, 학원 수업을 늘리는 방법을 택했지만, 성적은 크게 변하지 않았다. 그러던 어느 날, 담임 선생님이 세네카(Seneca)라는 AI 학습 앱을 추천했다. 세네카는 영국의 세네카 러닝(Seneca Learning Ltd.)이라는 회사가 개발한 앱이다. 이 앱은 학생이 직접 '오늘 공부할 목표'를 정하게 하고, 학습이 끝나면 AI가 맞춤 복습 퀴즈를 만들어 주는 방식으로 설계되었다.

앨리의 엄마는 단 한 가지 원칙만 세웠다. "하루 30분, 네가 정한 목표로만 공부하자." 처음에는 '오늘은 분수 계산 5문제 풀기'처럼 작은 목표로 시작했다. 앱이 즉시 오답을 분석해 주자, 앨리는 왜 틀렸는지 직접 설명하려고 노력했고, 엄마는 그 설명을 들으며 '아, 이제는 그냥 맞힌 게 아니라 이해했구나'라는 걸 느꼈다. 3개월 뒤, 앨리는 같은 유형의 문제를 틀리지 않게 되었고, 스스로 "오늘은 조금 어려운 걸 해 볼래"라며 난이도를 올렸다. 이 과정에서 AI는 단순한 '정답 기계'가 아니라, 아이 스스로 목표를 세우고 조정하게 만드는 든든한 파트너가 되었다.

미국 캘리포니아에 사는 11살 톰은 글쓰기를 어려워했다. 이야기를 지어내는 것을 힘들어하자, 아버지는 스토리텔러(Storyteller) AI 앱을 함께 사용했다. 이 앱은 아이가 던지는 한두 문장의 아이디어를 바탕으로 흥미로운 이야기를 만들어 준다. 아버지는 톰에게 AI가 만들어 준 이야기를 소리 내어 읽게 한 뒤, "이 이야기의 결말은 마음에 들어? 네 생각대로 바꿔 볼까?"라고 질문했다. 톰은 "아버지는 항상 제 생각을 물어봐요. AI가 멋진 이야기를 만들어 주면, 저는 그 이야기를 더 멋지게 바꾸고 싶어져요"라고 말했다. 톰은 AI의 도움을 받아 이야기에 대한 자신감을 얻었고, 이제는 AI 없이도 자신만의 멋진 이야기를 만들어 내는 '꼬마 작가'가 되었다. AI는 톰의 글쓰기 부담을 덜어 주는 '보조 작가'이자, 그의 상상력을 키워 주는 '새로운 이야기 친구'가 된 것이다.

AI, '생각의 근육'을 마비시키다

하지만 AI가 아이의 손을 잡는 대신, 아이의 손을 대신 움직여 줄 때 문제가 발생한다. AI를 잘못 사용해 '생각의 근육'이 마비된 아이들의 이야기는 우리에게 경각심을 준다.

서울에 사는 중학교 2학년 민수는 과학 숙제를 항상 제때 제출했다. 이유는 간단했다. 소크라틱이라는 AI 앱 덕분이었다. 문제를 사진으로 찍으면 풀이와 정답이 순식간에 나왔고, 민수는 그대로 베껴 제출했다. 처음에는 숙제 제출률이 높아지고 시험 점수도 올랐지만, 기말고사에서 예상치 못한 일이 벌어졌다. 시험에 처음 보는 응

용문제가 나오자, 민수는 손을 놓아 버렸다. AI가 늘 해 주던 '중간 과정'이 머릿속에 없었기 때문이다. 민수는 "AI 없이 풀 수 있는 게 거의 없다"라고 털어놓았다. 부모도 뒤늦게 깨달았다. AI가 공부를 대신 해 줄 때, 아이의 '생각 근육'은 쓰이지 않는다는 것이다.

인도 남부 하이데라바드에 사는 열다섯 살 아룬은 친구들과의 대면 관계에 어려움을 겪자, 감정적 위로를 얻기 위해 AI 채팅 봇을 사용하기 시작했다. 감정적 공감을 기반으로 하는 레플리카(Replika)라는 AI 챗봇이다. 레플리카는 루카(Luka, Inc.)라는 회사가 개발한 인공지능 친구로 사람들이 설정한 성격과 모습대로 말하고, 마음을 잘 표현하도록 만들어졌다. 처음에는 "내 편이 돼 줄 존재"처럼 보였지만, 점차 현실 사람과의 대화를 꺼리게 되었고, 결국 AI 채팅 봇과의 정서적 유대에 지나치게 의존하게 되었다. 전문 상담이 필요했지만, AI에만 의지하는 사이 현실과의 유대감과 의사소통 능력이 약화되어 사회적 고립이 심화되었다. 이 사례는 AI가 위로가 될 수는 있지만, 지나친 의존은 오히려 아이의 정서 발달과 대인 관계 능력을 해칠 수 있음을 보여 준다.

세네카와 함께하는 학습 습관 만들기

세네카(Seneca)는 AI 기술을 활용해 아이의 자기 주도 학습 능력을 길러 주는 영국의 학습 앱이다. 런던에 본사를 둔 세네카 러닝에서 2016년에 개발한 온라인 학습 플랫폼이다. 수학 · 과학 · 영어 등 다양한 과목을 스스로 학습할 수 있도록 도와주는 AI 기반의 맞춤형 복습 플랫폼으로, 핵심 기능은 자동 채점, 학습 취약점 분석, 게임처럼 재미있는 학습 경험을 제공하는 것이다. 이 앱은 단순히 지식을 전달하는 것을 넘어, 아이가 스스로 학습 계획을 세우고, 학습 과정을 돌아보며, 동기를 부여받도록 설계되었다.

세네카를 사용하려면 먼저 아이가 앱에 오늘 공부 목표를 직접 입력한다. 예를 들면 "분수 나누기 10문제 풀기" 또는 "영어 단어 20개 외우기"다. AI는 이 목표를 바탕으로 학습 분량을 추천해 준다. 아이가 문제를 풀거나 학습 콘텐츠를 보고 나면, AI가 즉각적으로 피드백을 제공한다. 틀린 문제에 대해서는 "이 문제에서 어떤 개념을 잊어버렸을까?"와 같이 질문하며 스스로 오류를 분석하도록 유도한다.

세네카에서 학습이 끝나면, 아이가 '오늘 공부한 내용', '어려웠던 점', '다음 목표' 등을 짧게 기록하게 한다.

부모는 이 기록을 읽고 "오늘도 열심히 했구나!" 같은 간단한 코멘트를 남기며 아이를 격려해 준다. 그리고 아이의 학습 성과를 분석해 난이도와 학습 시간을 조금씩 늘려 준다. 아이는 자신의 성장을 눈으로 확인하며 더 어려운 목표에 도전하는 즐거움을 느끼고, 자기 결정권을 유지하게 된다.

아이와 함께 타는 2인용 자전거

AI 시대의 부모는 경기장 높은 자리에서 휘슬을 불며 지시하는 '감독'이 아니라, 같은 자전거에 함께 올라탄 '동행자'여야 한다. 앞자리는 아이가 잡고, 부모는 뒷자리에서 균형을 잡아 주며 지도와 물병을 챙긴다.

출발은 간단하다. 아이에게 "이번 주엔 어떤 게 제일 궁금해?"라고 묻는 순간, 그 질문이 아이 마음속 호기심의 불씨에 불을 붙인다. 목표는 아이가 세우게 하되, 그 목표가 무리 없는 여정인지 부모가 옆에서 점검한다. AI가 던져 준 답을 함께 읽으며 "왜 이렇게 나왔을까?"를 묻는 습관을 들이면, 아이는 '정답 수집가'가 아니라 '탐험가'로 자란다.

서울의 중학생 지훈이는 역사 숙제를 위해 소크라틱 앱을 사용했다. 처음엔 AI가 알려 주는 답을 그대로 옮기

기만 했지만, 부모가 "혹시 다른 자료에서는 뭐라고 할까?"라고 물으며 비교하도록 유도하자 지훈이는 인터넷 백과사전을 비롯해 두세 개의 출처를 찾아 대조하는 버릇이 생겼다. 나중에는 AI가 틀린 정보를 주었을 때, 스스로 찾아내 고치는 데까지 발전했다.

부모도 아이와 똑같은 앱을 써 보는 것이 좋다. 직접 사용해 보고 느낀 장단점을 대화 소재로 삼으면, AI는 단순한 기계가 아니라 가족의 '공동 탐험 도구'가 된다. 그리고 칭찬할 때는 "정답 맞혀서 잘했어"가 아니라 "끝까지 방법을 찾아내는 네 끈기가 멋지다"라고 말하자. 과정에 대한 칭찬이 아이의 마음속 엔진에 더 오래 연료를 채운다.

하루 중 몇 시간은 AI 없는 '무인도 시간'을 만들자. 이 시간엔 숙제나 프로젝트를 AI 없이 진행하게 하고, 틀린 부분이 있어도 "괜찮아, 실패는 배움의 파도야"라고 말해 준다. 실패를 두려워하지 않는 아이는 다시 도전할 용기를 잃지 않는다.

AI는 분명히 바다 위에 펼쳐진 정교한 '지도'다. 하지만 노를 젓고 돛을 조정하는 건 아이의 손이다. 부모는 그 손에 나침반을 쥐여 주고, 나침반을 읽는 법을 함께 익히는 사람이다. 그렇게 자란 아이는 AI라는 새로운 바람을 타고, 파도에 휩쓸리지 않고 자신만의 항로를 그리는 진짜 선장이 될 것이다.

참고문헌

Narciso, P.(2024). *Generative AI in education: A guide for parents and teachers.* Apress.

Rukh, S.(2023). *AI-enhanced parenting: Navigating the digital age with kids.* Independently Published.

Saha(2025.2.20). Parenting in the age of artificial intelligence: Challenges and way forward, https://discoversaha.com/blogs/parents-corner/parenting-in-the-age-of-artificial-intelligence-challenges-and-way-forward

06
AI가 대체하지 못할 능력

AI는 빠른 계산과 똑똑한 답변에는 강하지만 사람만이 할 수 있는 일들이 있다. 마음을 느끼고, 새로 상상하고, "왜 그럴까?"를 끝없이 묻는 힘이다. 이런 능력은 마치 어두운 길을 밝혀 주는 손전등 같아서, 우리를 새로운 길로 이끌어 준다. AI 시대에 아이들이 단순한 버튼 누르는 사람이 아니라, 멋진 아이디어로 세상을 바꾸는 사람이 되려면 이 특별한 힘을 키워야 한다.

AI와 민주주의?

우리 아이들이 AI와 함께 펼쳐갈 미래

지금 우리는 AI라는 새로운 친구와 함께 사는 시대에 살고 있다. 이 친구는 정말 똑똑해서, 계산을 눈 깜짝할 사이에 하고, 수많은 정보를 기억하며, 정해진 규칙대로 아주 빠르게 문제를 풀어낸다. 마치 KTX(한국고속철도)나 SRT(수서고속철도)처럼 목적지까지 단번에 달려가는 능력을 가지고 있다. 하지만 이 기차는 가는 길에 활짝 피어 있는 꽃의 향기를 맡지도 못하고, 옆자리에 앉은 사람의 표정을 살펴 마음을 읽지도 못한다. 그래서 AI가 못하는 부분, 바로 '사람의 마음'과 '사람만이 할 수 있는 생각'이 우리에게 훨씬 더 소중해진 시대가 된 것이다.

AI가 효율성을 높여 주는 동안, 우리는 그 반대편에서 창의력, 비판적 사고, 공감, 상상력 같은 특별한 힘을 키워야 한다. 예를 들어, AI는 이미 있는 노래를 잘 섞어 새로운 곡을 만들 수 있지만, 사랑에 빠진 소녀가 쓴 편지 속 설렘이나, 반려견을 떠나보낸 아이가 그린 그림 속 그리움을 담아내지는 못한다.

AI는 수학 문제를 번개처럼 풀 수 있지만, "다른 더 재미있는 방법은 없을까?" 하며 블록 장난감으로 그 문제를 표현해 보는 기발한 상상은 하지 못한다. 예를 들어, 분수 문제를 풀 때, 우리 아이들은 블록을 조각내서 "이

건 전체, 이건 1/4"처럼 눈앞에 보이게 만들 수 있다. 도형 문제를 풀 때에도 블록을 쌓아 실제 입체 도형을 만들어 볼 수 있다. 경로 찾기 문제를 풀 때는 블록으로 길과 장애물을 만들고 실제로 경로를 찾아보기도 한다. 수학 문제를 단순히 종이 위에서 숫자로만 푸는 게 아니라, 블록 같은 물체를 이용해 문제 상황을 눈에 보이게 만들고, 놀이처럼 풀어 보는 것이다. 숫자와 공식만으로 생각하는 대신, 손으로 만들고 눈으로 보고 몸으로 느끼는 방식으로 문제를 푸는 것을 말한다. 이것은 AI가 하는 '계산'과 달리, 상상력과 창의력을 써야 가능한 활동이다.

그래서 부모가 해야 할 일은 이 특별한 힘을 자녀 안에 심어 주는 것이다. 아이가 책 속 주인공의 마음을 상상하며 눈시울을 붉히도록, 또한 실패했을 때 "괜찮아, 다시 해 보자"라는 용기를 내도록, 그리고 친구와 함께 과학 실험을 하면서 서로의 의견을 존중하도록 이끌어야 한다. 마치 정원사가 씨앗을 심고 물과 햇빛을 주어 꽃이 피게 하듯, 부모의 관심과 믿음은 아이 마음속에 '사람다움'이라는 나무를 자라게 한다.

앞으로의 세상은 변화를 두려워하지 않고, 새로운 길을 스스로 만들어 나가는 사람에게 열려 있다. AI는 그 길을 닦아 주는 도구가 될 수 있지만, 길의 방향을 정하고, 그 길가에 어떤 꽃과 나무를 심을지 결정하는 건 결국 사람의 몫이다. 부모가 아이의 인간적인 능력을 지켜주고 키운다면, 우리 아이들은 AI와 경쟁하는 대신 AI와 손을 잡고, 더 크고 아름다운 세상을 만드는 미래의 건축가, 이야기꾼, 발명가가 될 것이다.

그리고 그 여정 속에서 아이는 AI를 단순한 기계가 아닌 '함께 꿈꾸는 친구'로 바라보게 될 것이다. 그림을 그릴 때 색을 골라 주는 조수, 여행 계획을 짤 때 정보를 찾아 주는 길잡이, 어려운 수학 문제 앞에서 새로운 접근을 제안해 주는 동반자 말이다. 하지만 웃음을 나누고, 눈물을 닦아 주고, 세상에 없는 상상을 함께 만들어 내는 일은 여전히 사람만이 할 수 있는 특별한 영역임을 아이 스스로 깨닫게 될 것이다.

AI가 대체하지 못할 핵심 능력

마치 항해사가 바다에서 나침반 없이도 별을 보고 길을 찾듯, AI 시대의 아이들에게 필요한 것은 단순한 지식이 아니라 세상을 읽고 길을 내는 힘이다. 먼저, 진실을 꿰뚫는 눈이 필요하다. 수많은 정보 속에서 무엇이 진짜인지, 어떤 말이 숨은 의도를 가진 것인지 가려내는 힘이다. 이 힘은 '왜?'라는 질문을 놓지 않을 때 자라난다.

또, 상상으로 세상을 새롭게 그리는 손이 필요하다. AI는 이미 있는 것을 짜맞출 수 있지만, 엉뚱하고도 놀라운 발상을 현실로 바꾸는 건 사람만이 할 수 있는 일이다. 그리고 얽힌 실타래를 풀 줄 아는 머리가 필요하다. 도시 문제든, 친구와의 갈등이든, 여러 조건과 변수를 살펴 가장 좋은 길을 찾는 것은 오직 인간의 몫이다.

여기에 마음을 잇는 다리도 빼놓을 수 없다. AI는 대화를 흉내 낼 수 있지만, 마음과 마음을 연결하는 섬세한 말과 표정, 신뢰는 사람이 만들어 간다. 또한, 상처를 어루만지는 따뜻한 손길이 필요하다. 기계는 위로의 말을 할 수 있어도, 상대의 눈빛과 떨리는 목소리 속의 아픔을 함께 느끼고 품어 주는 것은 사람만의 능력이다.

마지막으로, 폭풍에도 다시 일어서는 뿌리 깊은 나무 같은 마음이 필요하다. 실패 앞에서 주저앉지 않고, 다시 일어서서 배우고 도전하는 힘이다.

AI의 한계와 인간의 강점

AI는 마치 사람처럼 웃고, 고개를 끄덕이며, "그렇구나"라고 말할 수 있다. 하지만 그것은 마음에서 우러난 것이 아니라, 미리 정해진 프로그램이 내는 소리일 뿐이다. 겉모습은 사람과 비슷해 보여도, 속마음에는 온기가 없다. 진짜 공감이란, 친구가 다쳤을 때 내 마음도 함께 아파하고, 기뻤던 일을 나누며 같이 웃는 것이다. 손을 꼭 잡아 주거나, "괜찮아" 하고 눈을 맞추며 위로하는 그 따뜻함, 힘든 순간에 던지는 유머 한마디는 기계가 절대 흉내 낼 수 없다. 그래서 선생님, 의사, 상담사처럼 사람과 마음을 나누는 직업에서는 이 공감 능력이 아주 중요한 힘이다. AI는 이 자리를 절대 완전히 대신할 수 없다.

AI는 아무리 똑똑해 보여도, 어려운 상황에서 '이게 옳을까, 그를까?' 하고 마음속에서 깊이 고민하는 것은 하지 못한다. 예를 들어, 스스로 가는 자동차가 갑자기 피할 수 없는 사고 상황을 만났다고 가정해 보자. 그때 AI는 미리 정해진 규칙대로만 움직일 뿐, '누구를 먼저 구해야 할까?', '이게 정말 바른 선택일까?' 하고 속으로 갈등하거나 미안해하지 않는다. 하지만 사람은 다르다. 우리는 가슴속에서 옳고 그름을 저울질하고, 잘못된 선택이면 후회하며 책임을 지려고 한다. 누군가를 공평하게 대하고, 잘못했을 때 사과하며, 다른 사람을 존중하는 마음 같은 것은 기계가 흉내 낼 수 없는 특별한 힘이다. 세상이 AI로 더 편리해질수록, 이런 인간만의 윤리적 감수성은 더더욱 빛나는 보석처럼 소중해질 것이다.

이러한 AI의 한계는 역설적으로 인간 고유의 강점을

더욱 빛나게 한다. AI 시대에는 AI가 잘하는 일을 AI에게 맡기고, 인간은 AI가 대체하지 못하는 고차원적인 능력에 집중해야 한다.

AI 시대의 부모가 아이들을 위해 할 일

부모가 아이에게 줄 수 있는 최고의 선물 중 하나는 '바로 함께 배우는 시간'이다. 아이에게 "왜 그렇게 생각하니?", "다른 방법은 없을까?", "만약 네가 그 상황이라면 어떻게 할 거야?" 같은 질문을 던져 보기 바란다. 이런 물음은 아이의 마음속에 작은 호기심의 불씨를 지펴, 스스로 탐험가가 되게 한다. 단순히 정답을 찾는 사람이 아니라, 세상의 수수께끼를 풀어 가는 모험가가 되는 것이다.

책을 읽을 때도 그냥 글자만 따라 읽지 말고, 책 속 세계를 여행하듯 인물의 마음을 함께 걸어가 보기 바란다. 예를 들어, 동화 속 주인공이 외로워하는 장면을 읽었다면 "너라면 뭐라고 위로해 줄 거야?" 하고 묻는 것이다. 이런 대화를 통해 아이는 남의 마음을 이해하고, 스스로 생각을 표현하는 힘을 기른다.

놀이는 아이의 또 다른 교실이다. 그림을 그리고, 종이와 박스로 무언가를 만들고, 음악을 연주하고, 역할극을 하며 상상의 날개를 마음껏 펼치게 하기 바란다. 보드

게임도 좋지만, 가끔은 규칙 없는 놀이를 허락해 보는 것도 좋다. 정답이나 정해진 길이 없을 때, 아이는 스스로 문제를 정의하고 새로운 해결책을 만들어 내는 법을 배운다. 이것이야말로 AI가 흉내 내기 힘든 창의력의 씨앗이다.

식탁에서 나누는 대화도 보물 같은 시간이 될 수 있다. 하루 있었던 일을 나누다가, 자연스럽게 세상 이야기나 시사 문제로 넘어가 보기 바란다. "너는 어떻게 생각해?"라는 질문 하나가 토론의 씨앗이 된다. 아이는 다양한 의견을 듣고, 자신의 생각을 논리적으로 정리하며, 상대방의 의견을 존중하는 법을 배운다. 이런 훈련이 쌓이면, 나중에 친구와 협력하거나 갈등을 해결할 때 큰 힘이 된다.

그리고 시험에서 점수가 낮게 나왔을 때, "왜 이렇게 못했어?" 대신 "다음엔 어떻게 해 볼까?"라고 묻는 것이 바람직하다. 이렇게 하면 실패는 '끝'이 아니라 '다음 단계로 가는 디딤돌'이 된다.

이렇게 자란 아이는 AI와 싸우는 사람이 아니라, AI를 친구처럼 대하며 그 힘을 빌려 세상에 없던 길을 만드는 개척자가 될 것이다. 부모가 길잡이가 되어 질문을 던지고, 함께 웃고, 함께 실패를 경험해 준다면, 우리 아이들은 AI 시대에도 당당히 자신만의 빛을 내는 주인공으로 설 수 있다.

참고문헌

김영희(2022). 《AI도 꼼짝 못할 대한민국 육아전문작가의 육아 비법: 아이만 빼고 다 바꿔라》. 작가교실.

Jess W.(2024). *The power of AI mom: A beginner's guide to utilising AI for productive parenting*. Independently Published.

Zhang, S. et al.(2025.4.11). Exploring families' use and mediation of generative AI: A multi-user perspective. University of Wisconsin-Madison. *ArXiv*, https://arxiv.org/abs/2504.09004

07
AI 시대의 정서 관리

AI는 똑똑한 로봇 친구처럼 우리 곁에 있지만, 마음을 읽어 주거나 따뜻하게 안아 주지는 못한다. 어떤 아이들은 게임과 영상에 빠져 잠도 줄고, 친구와 노는 시간이 줄어 외로워진다. 인스타그램 속 멋진 모습과 자신을 비교하며 속상해하기도 한다. 그래서 부모는 아이가 스스로 마음을 돌보고, 친구와 진짜 웃음을 나누며, 어려움에도 다시 일어나는 힘을 가질 수 있도록 도와야 한다.

AI와 애니메이션?

AI 시대, 아이들의 생활 속 감정 돌보기

AI는 나를 제일 잘 아는 친구 같다. 내가 지금 어떤 기분인지, 어떤 영상을 좋아하는지 척척 알아서, 내가 말도 안 꺼냈는데도 "이거 볼래?" 하며 딱 맞는 만화나 재미있는 영상을 '짠!' 하고 보여 준다. 숙제의 답도 AI한테 물으면 뚝딱 나온다. 하지만 리모컨만 누르다 보면 몸을 움직이는 법을 잊듯, 마음도 금세 굳어질 수 있다. 아이들이 스크린 속 폭풍을 만났을 때 흔들리지 않도록, 생활 속에서 감정을 돌보는 방법을 알아보자.

먼저 '디지털 빨랫줄'에 계속 매달려 있는 것 같은 기분을 다들 한 번쯤은 느껴 봤을 것이다. 짧은 영상이 끝나면 그다음 영상이 자동으로 이어지고, 앱은 우리가 좋아할 만한 것을 끝없이 권한다. 한국 청소년이 틱톡을 쓰는 이유로 '시간 보내기'와 '자기표현'이 높게 나타났다는 연구도 있다. 오래 볼수록 더 보고 싶어지는 구조라는 뜻이다. 이런 과몰입은 잠을 줄이고 운동을 빼앗아 성적과 기분을 함께 떨어뜨리곤 한다. 집에서는 주1일 '무(無) 스크린 데이'를 정해 보기 바란다. 보드게임, 김밥 싸기, 동네 한 바퀴 걷기를 하면서 몸과 눈, 마음을 쉬게 하는 것이다.

둘째, '사람 대신 화면'이 늘면 외로움이 커질 수 있다.

인공지능 스피커가 "오늘 기분 어때?"라고 묻더라도, 그건 마음으로 묻는 질문이 아니다. 대면 관계가 줄수록 사회적 기술이 느리게 자라난다는 연구와 보도들이 이어진다. 해외에서도 인스타그램 같은 SNS(소셜 네트워크 서비스) 사용이 늘수록 우울 증상이 따라온다는 추적 결과가 나왔다. 그러니까 주 1회 '진짜 친구 데이'를 만들고, 친구와 직접 만나 공원 나들이를 하거나 같이 과학 실험을 해 보기 바란다. 화면 밖 웃음은 마음 근육을 단단하게 키워 준다.

셋째, '비교의 거울(Mirror of Comparison)'을 조심해야 한다. '비교의 거울'은 다른 사람과 나를 자꾸 비교하다 보면 마치 거울 속 내 모습이 왜곡되어 보이는 것처럼, 스스로를 잘못 보게 되는 것을 말한다. SNS에는 필터로 반짝이는 얼굴, 완벽해 보이는 성적표, 여행 사진이 끝없이 올라온다. 그런 것들을 보다 보면 내 모습만 작아 보인다. 이럴 때는 가족회의에서 '나의 오늘 잘한 일 세 가지'를 나눠 보는 것도 좋다. 누군가는 급식 당번을 까먹지 않고 잘 해냈고, 누군가는 친구에게 먼저 사과했을 수도 있다. 스스로의 성장을 발견하면, 타인의 하이라이트 영상에 덜 흔들린다.

넷째, 악성 댓글과 가짜 사진(딥페이크, Deepfake)은 보이지 않는 상처를 남긴다. 우리나라에서도 딥페이크 성범죄가 급증하며 청소년 피해 우려가 커졌다는 보도가 있었고, 교육부 조사에서는 사이버 폭력 응답 비율이 다시 오르는 흐름이 확인됐다. 가정에서는 '멈춰-저장-알리기' 3단계를 연습해 볼 것을 권하고 싶다. 화면을 닫기 전에 증거를 캡처하고, 믿을 수 있는 어른과 학교에 바로 알리는 것이다. 이처럼 AI 시대의 부모는 '사이버 폭력'에 경보를 울릴 준비를 늘 하고 있어야 한다.

AI 시대, 아이들의 마음을 단단히 하기

이제 마음을 단단히 하는 연습이다. 첫째, 실패를 "끝"이 아니라 "쉼표"로 읽는 훈련이 필요하다. 시험에서 틀린 문제는 오답 노트로, 친구와 다툰 날은 화해 편지로 마무리하는 것이 좋다. 작은 회복 경험이 쌓이면 큰 파도도 견딜 수 있다. AI 시대의 부모는 아이들의 정서 회복력(emotional resilience)을 길러 주어야 한다. 정서 회복력이란 힘든 일을 겪어도 금세 기운을 차리고 다시 씩씩하게 일어나는 마음의 힘을 말한다.

둘째, 매주 '마음 읽기 영화나 책'을 정해 함께 읽고 독후감을 서로 나눠 보기 바란다. 예를 들어 《어린 왕자》를 읽고 여우의 외로움을 떠올리며 "내가 여우라면 어떤 말이 힘이 될까?"를 적어 보고, 말해 보는 것이다. 가족이 돌아가며 '오늘 내가 들은 한 문장'을 나누면, 타인의 감정 색깔을 알아차리는 능력이 자란다. AI 시대의 부모는 아이와 함께 이와 같은 공감 연습(empathy practice)을 할 줄 알아야 한다. 공감 연습이란 다른 사람의 마음을 상상해 보고, 그 기분을 느껴 보는 연습을 말한다.

셋째, 레고로 공동 집짓기를 하며 역할을 나눠 보는 것도 좋은 방법이다. 설계자, 자재 담당, 검수 담당처럼 역할을 정하고, 갈등이 생기면 "멈춤-말하기-해결책 제안" 규칙으로 풀어 본다. 운동회 응원단, 학급 축제 준비 같은 집단 활동도 좋은 연습장이 될 수 있다. AI 시대의 부모는 아이의 관계 기술(relational skills)을 키워 줄 수 있어야 한다. 관계 기술이란 친구나 가족과 잘 지내고, 말로 마음을 나누고, 다툼이 나면 사이좋게 푸는 방법을 말한다.

넷째, 저녁 식탁과 잠자기 1시간 전은 '스크린 금지 구간(screen-free zone)'으로 표시해 두는 것도 좋다. 대신 베란다에서 허브 같은 화초를 가꾸거나, 가족 독서 15분, 동네 쓰담달리기를 해 보기 바란다. 쓰담달리기는 플로깅(plogging)과 같다. 플로깅은 스웨덴어 "줍다(plocka upp)"와 영어 "조깅(jogging)"을 합친 말이다. 원래는 스웨덴에서 환경 보호 운동으로 시작됐고, 지금은 전 세계로 퍼졌다. 그러니까 동네 쓰담달리기는 동네를 달리면서 길에 떨어진 쓰레기를 줍는 활동이다. 동네 쓰담달리기와 함께 일요일에는 휴대폰을 한곳에 모아 두는 '충전 바구니'를 만들어, 모두가 기기를 쉬게 하는 것도 좋은 방법이다. AI 시대의 부모는 이처럼 자녀와 함께 가정에서 '화면과의 거리 두기'를 실천할 수 있어야 한다.

부모가 기억하면 좋은 네 가지 습관

부모가 기억하면 좋은 네 가지 습관도 있다. 우선 자녀의 말을 경청하는 것이 가장 중요하다. "무슨 일이 있었니?"라고 물었으면 중간에 판단하지 말아야 한다. 다음으로 부모는 감정 어휘를 늘릴 필요가 있다. 감정 카드로 '서운함/질투/안도'처럼 정확한 말을 찾아보면 좋다. 가능하면 부모가 매사 모범을 보여야 한다. 예를 들면 부모가 먼저 식탁에서 스마트폰을 내려놓고, 잠들기 전에는 책 10쪽을 읽는 것이다. 육아와 자녀 교육의 어려움이 커지면 담임 선생님·상담사와 바로 연결해 도움을 받는 것이 꼭 필요하다. AI 시대의 부모는 이러한 연결망을 확보하고 있어야만 한다.

생활 속 예시를 더 들어 보자. 어떤 초등학생은 숙제

앱의 힌트를 그대로 베껴 쓰다가 선생님께 지적을 받았다. 선생님은 부모와 상의해 'AI는 힌트, 해답은 스스로' 규칙을 만들고, 다음 주부터는 풀이 과정을 소리 내어 설명하는 연습을 했더니 자신감이 올라갔다. 또 다른 아이는 밤마다 릴스 영상(reels video)을 보느라 잠이 부족했다. 릴스 영상이란 핸드폰에서 1분 안팎으로 짧고 재미있게 볼 수 있는 세로 영상을 말한다. 학급에서는 익명 게시판에서 친구 놀림이 시작되자, 담임이 '디지털 친절 주간'을 열어 칭찬 댓글 달기 운동을 전개했고, 이후 장난성 댓글이 크게 줄었다. 어떤 지역 도서관에서는 청소년을 위한 '딥페이크 바로 알기' 강연을 열어 신고 방법과 법적 보호 장치를 설명했고, 아이들은 실제 신고 경로를 메모장에 저장하기도 했다.

마지막으로, 숫자로 현실을 확인해 두면 마음이 흐려질 때 나침반이 된다. 우리나라 학교 폭력 조사에서는 사이버 폭력 항목이 최근 다시 오름세를 보였고, 목격 응답과 신고도 늘고 있다. 이는 위험이 커졌다는 뜻이면서, 동시에 더 많이 보고 돕는 문화가 자라난다는 신호이기도 하다. 가정 · 학교 · 지역이 함께 손잡고 '빠르게 막기-따뜻하게 회복하기' 두 가시 축을 세운다면, 아이들은 기술의 바다에서 방향을 잃지 않을 것이다.

AI 시대 부모와 교사의 협력

AI는 우리 삶을 빠르게 해 주는 바람이고, 사람의 마음은 배를 움직이는 돛이다. 바람이 아무리 거세도 돛이 단단하면 배는 원하는 곳으로 간다. 부모와 교사가 함께 돛을 달아 준다면, 아이들은 AI와 나란히 항해하며 더 먼 곳을 향해 나아갈 수 있다.

또 하나, '도파밍(Dopamine farming)'이라는 말이 있다. 강한 자극을 계속 찾아 더 자극적인 콘텐츠로 옮겨 다니는 습관을 뜻한다. 국내 기사에서도 10대가 짧은 영상과 SNS에 과몰입하면 자존감이 낮아질 수 있다는 경고가 나왔다. 아이와 함께 '햇볕 쬐며 산책하기', '좋아하는 음악 듣기'를 비롯해 '나를 기분 좋게 하는 건강한 자극 리스트'를 만들어 보기 바란다. 기분이 가라앉을 때 리스트에서 하나를 골라 실행하면, 화면이 아닌 일상에서 즐거움을 회복할 수 있다.

숫자로도 살펴보자. 국가 조사에서 청소년을 포함한 사이버 폭력 실태를 정기적으로 발표하는데, 이는 학교와 가정이 대응 계획을 세우는 근거가 된다. 부모와 교사가 협력해 아이들과 '우리 반 온라인 안전 수칙'을 함께 만들고 복도 게시판에 붙여 보기 바란다. 예를 들어, ① 상대 허락 없이 사진 올리지 않기 ② 가짜 계정 사용 금지 ③ 괴롭힘 상황 '멈춰-저장-알리기' ④ 친구가 힘들어 보이면 24시간 안부 묻기 같은 규칙이다.

마지막으로 한 달에 하루 '감정 대청소' 날을 정해 가족이 각자의 감정 쓰레기봉투를 쓰는 방법도 있다. "오늘 화났던 일", "슬펐던 일", "고마웠던 일"을 적고, 서로 읽어 주며 쓰담쓰담 시간을 갖는다. 그날 밤에는 휴대폰을 동시에 꺼서 거실 충전 바구니에 놓고, 촛불 하나 켜고 차를 마시거나 달콤한 간식을 먹는다. 간단하지만 강력한 이 의식은 화면이 아니라 사람의 온기가 우리를 지킨다는 것을 일깨워 줄 것이다.

참고문헌

서울시교육청 AI연구회(2024). 《이제는 학부모다! AI 시대 역량 있는 학부모 되기(기본편)》. 박영스토리.

神野元基(2017). 《人工知能時代を生き抜く子どもの育て方》. ディスカヴァー・トゥエンティワン. 진노 겐키. 《인공지능 시대를 살아가는 우리 아이 키우는 법》(2018). 최윤영 옮김. 한스미디어.

Breaking Dad(2025.5.9). AI for parents: Practical tips and gen AI tools for modern parenting, https://thebreakingdad.co.uk/parenthood/ai-for-parents/

08
AI를 두려워하지 않는 부모 되기

아침이 밝으면 스마트폰의 알람이 우리를 깨우고, 로봇청소기가 조용히 집 안을 청소한다. 마트 계산대도, 아이의 놀이도 AI와 함께한다. 낯설고 두려울 수 있지만, 손전등을 들고 밤길을 걷듯 부모가 먼저 AI를 이해하고 안전한 길을 밝혀 줘야 한다. 그래야 아이가 호기심과 용기를 품고 AI 시대를 스스로 탐험하며, 두려움 대신 기회와 꿈을 찾아 나갈 수 있다.

AI와 인재 채용?

AI에 대한 다섯 가지 대표적 걱정

아침에 눈을 뜨면 스마트폰이 새로운 게임이 출시되었다고 알리고, 날씨 앱이 오늘의 기온과 비 소식을 알려준다. 식당에서는 사람 대신 AI 로봇이 먹고 난 음식 그릇을 가져가고, 집에서는 AI가 내장된 로봇청소기가 조용히 움직인다. 이 모든 것이 인공지능의 일상 속 역할이다.

그런데 부모 입장에서 이 변화는 신기한 만큼 걱정도 된다. "혹시 아이의 개인정보가 유출되면 어쩌지?" "미래에 할 일이 사라지는 건 아닐까?" "AI만 쓰다 보면 스스로 생각하는 힘이 약해지지 않나?" 이런 의문이 꼬리를 물고 따라온다.

하지만 AI 시대의 육아는 '두려움'보다 '이해와 동행'이 필요하다. 모르는 것을 무조건 피하면, 결국 아이는 홀로 그 세상을 마주해야 한다. 깊은 산중에서도 지도가 있으면 길이 보이듯, 부모가 먼저 AI를 이해하고 아이와 함께 탐험해야 한다.

최근 국내 교육 현장에서 AI 스피커를 사용해 학생들의 AI 수용 태도를 연구한 결과가 나왔다. 2022년 발표된 "인공지능 스피커의 활용 경험에 따른 초등학생의 인식 변화"라는 논문에 의하면, 초등학교 3학년 학생들이

AI 스피커를 100일간 사용한 후 'AI에 대한 수용 태도가 긍정적으로 변화했다'고 보고하고 있다. 그러나 AI 스피커가 학생들을 감시하는 수단으로 인식될 경우, 학생과 학부모의 반응은 달라질 수 있다. 아이들의 목소리와 대화 내용이 서버에 저장될 수 있다고 학생과 학부모들은 우려할 가능성이 존재한다.

스마트 토이(Smart Toy)나 카메라가 아이의 표정, 말투, 놀이 습관까지 기록할 수 있다. 스마트 토이는 센서, 마이크, 카메라, 무선 통신 기능 등 디지털 기술이 내장되어 아이와 상호작용할 수 있는 장난감을 말한다. 일반 장난감과 달리 AI나 네트워크 연결 기능이 포함돼 있어, 놀이 중에 아이의 음성 · 표정 · 행동을 인식하고 반응한다.

스마트 토이에는 AI 스피커형 장난감, 대화형 로봇 인형, 교육용 스마트 토이가 있다. AI 스피커형 장난감으로는 구글 홈 미니, 아마존 에코 키즈(Amazon Echo Kids)가 대표적인데 구글 홈 미니는 작은 원형 스피커로, "헤이 구글"이라고 부르면 음악을 틀어 주고, 날씨나 질문에 대답하는 AI 도우미다. 아마존 에코 키즈는 아이 전용 스마트 스피커로, 동화 읽기, 퀴즈 놀이, 숙제 도움 같은 기능을 제공하며 어린이 안전 필터가 적용돼 있다. 대화형 로봇 인형 '헬로 바비(Hello Barbie)'는 말을 걸면 대답하고 질문도 하는, 인공지능이 들어간 대화형 패션 인형이다. 교육용 스마트 토이로는 코딩 로봇인 오조봇(Ozobot), 대시앤도트(Dash & Dot)를 들 수 있는데 오조봇은 작은 로봇으로, 종이에 그린 색깔 선을 따라 움직이며 놀이와 코딩을 배울 수 있도록 설계돼 있고, 대시앤도트는 귀여운 두 대의 로봇 친구로, 앱으로 조종해 말하고 움직이게 하면서 코딩을 익힐 수 있도록 만들어져 있다.

부모는 AI가 내장된 기구들이 "어떤 데이터를 수집하는지, 어디에 저장하는지"를 먼저 확인하고, 아이에게 실명 · 주소 · 학교명은 말하지 않는 습관을 놀이처럼 가르쳐야 한다. 예를 들어, 'AI와 대화할 때 지켜야 할 비밀' 규칙을 만들어 포스터로 붙이면 좋다. 부모들은 AI 시대의 감시와 데이터 프라이버시를 우려한다.

또한 부모들은 AI 시대가 초래할 미래의 일자리 변화를 우려한다. 세계경제포럼(WEF)의 "2025 미래 일자리 보고서(Future of Jobs Report 2025)"는 AI가 반복 업무를 줄이고, 대신 창의적 · 감성적 업무 수요를 늘릴 것이라고 한다. 예를 들면 AI가 자동으로 사진을 보정해도, 결혼식장의 감동을 담는 건 여전히 사람 몫이다. 핀란드에서는 초등학생에게 코딩뿐 아니라 '문제 재정의하기' 수업을 한다. AI가 답을 주더라도 '문제를 새롭게 바라보는 힘'이 미래 경쟁력이 된다는 믿음 때문이다.

다음으로 AI 시대의 부모는 자녀들이 AI에 지나치게 의존해 비판적 사고력이 떨어질까 봐 우려한다. 일례로 미국 매사추세츠의 고등학생이 역사 과제에서 AI를 사용해 작성한 초록(abstract)과 목차를 참고했다는 이유로 낮은 성적과 사전 처벌을 받게 되자, 부모가 학교를 연방법원에 고소했다. 이 학생은 수업 자료 작성과 관련해 AI의 도움을 받았을 뿐, 논문 전체를 작성한 것은 아니라고 주장하며, 당시 학교의 안내서에는 AI 사용에 관한 명확한 규정이 없었다고 지적했다. 부모는 이 처벌이 학생의 명예와 대학 진학 기회에 부정적 영향을 미칠 것이라며 학점을 회복하고 처벌 기록을 지워 달라고 요구했다.

문제는 AI가 아니라, '맡기고 끝내는 습관'이다. AI가 준 답을 확인하고, 다른 방법도 찾아보는 연습이 필요하다. 예를 들어 챗GPT 같은 인공지능 챗봇이 쓴 동화 결말을 아이가 새로 만들어 보게 하면 좋다. 이 과정에서 "이건 어떤 점이 재미있어?"라고 묻는다면, 아이는 생각을 더 깊이 확장한다.

AI 시대의 부모들은 부적절한 콘텐츠의 노출을 우려하기도 한다. 미국의 기술 · 미래 트렌드 전문 매거진인 《와이어드(WIRED)》의 2025년 5월 2일 보도에 의하면 유튜브에는 AI로 만든 선정적이고 폭력적인 가상 애니메이션이 번지고 있었다. 유튜브의 여러 채널에서 '고 캣(Go Cat)'처럼 어린이용으로 가장한 AI 생성 애니메이션들이 유포되었다. 예컨대, 노란색 몸에 큰 눈이 달린, 장난꾸러기 같은 미니언(Minion) 캐릭터가 오싹하고 잔인하게 변신해 아이를 공격하는 장면처럼, 겉보기에는 귀엽지만 실제로는 충격적인 폭력과 피가 흘러넘치고 상처가 크게 보이는 고어(Gore) 표현이 포함되었다. 이에 대응해 유튜브는 해당 채널 일부를 정지하고 수익 창출을 중단하는 조치를 취했지만, AI 기반 콘텐츠가 급증하면서 대응이 여전히 미흡하다. 전문가들은 사람 중심의 검증과 플랫폼 차원의 협력이 필요하다고 강조한다. 그에 앞서 영국의 일간신문 《가디언》의 2022년 보도에 의하면 유튜브 키즈(Youtube Kids) 앱에서 어린이에게 부적절한 콘텐츠—예를 들면 마약 문화, 무기, 미백제 사용, 다이어트 관련 영상 등—가 추천되는 사례가 확인됐다. 이에 대해 유튜브는 AI 필터, 인력 검토, 학부모 피드백 등을 조합해 콘텐츠를 관리한다고 밝혔으나, "완벽한

시스템은 아니며, 부적절한 영상이 걸러지지 않고 노출될 수 있다"고도 인정했다. 또, 일부 영상은 유튜브 키즈 앱에서 제거되거나 연령 제한을 적용한 조치가 이뤄졌다.

이런 상황에서 부모는 첫째, 사전 차단 조치로서 안전 검색, 키즈 모드, 필터링을 설정해야 하고, 둘째, 사후 대화로서 아이가 놀란 영상을 봤다면 "그건 실제가 아니고 이런 이유로 문제가 돼"라고 설명해 줘야 한다. 아이와 '가짜와 진짜 뉴스 구분하기' 게임을 하는 것도 좋다.

다음으로 AI 시대의 부모는 아이들이 AI에 지나치게 의존함으로써 인간관계가 약화될까 봐 우려한다. 미래 과학·기술 소식을 다루는 미국의 인터넷 뉴스 사이트인 퓨처리즘(Futurism)의 2025년 7월 보도에 의하면 "외로움을 느끼는 많은 아이들이 실제 친구를 대신해 AI 챗봇과 교류"하며, 일부 아이들은 "AI가 진짜 사람처럼 느껴지고 친구 같았다"라고 말한다. 《가디언》의 2025년 7월 보도에서도 "학생들이 학업 질문뿐 아니라 감정적인 어려움마저 AI 챗봇에게 의존하고 있다"라고 한다.

그러나 AI가 아이들에게 위로가 되었지만, AI는 손을 잡아 주거나 놀이터에서 뛰어놀 수 없다. 부모는 주말 보드게임 모임, 동네 축제 같은 실제 만남을 꾸준히 마련해야 한다. 아이의 웃음소리와 친구들의 장난은 AI가 대신할 수 없는 성장의 양분이다.

두려움에서 권한 부여로

AI는 도깨비방망이도 괴물도 아닌 망치 같은 도구다. 집을 짓는 데도, 유리를 깨는 데도 쓰이지만, 어떻게 쓰느냐가 중요하다. AI가 스스로 의지를 가지진 않는다. 결국 프로그래밍하고 사용하는 건 사람이다.

막연한 두려움을 줄이는 방법은 정보에 입각한 질문이다. "AI는 어떻게 작동하지?" "어떤 한계가 있지?" 신뢰할 수 있는 자료를 찾아 부모가 먼저 공부하면, 아이에게도 정확히 알려 줄 수 있다.

미국 캘리포니아대학교 어바인 캠퍼스의 장 위보(Yubo Zhang) 등 연구자 5명은 챗GPT 같은 생성형 AI가 교육·창작 지원 등 장점을 제공하지만, 16세 미만 사용자를 보호할 기능이 부족하고, 부모 제어 기능이 부족한 문제점도 있다고 보고, 12개 가정을 대상으로 인터뷰를 통해 가족 내 생성형 AI 사용 양상과 부모의 중재(mediation) 전략을 탐색했다. 그 결과 가족의 생성형 AI 접근 방식은 첫째, 회의적인(skeptical), 둘째, 조심스러운(cautious), 셋째, 직접 참여형(hands-on), 넷째, 함께 사용하는(together), 다섯째, 신뢰 기반(trusting), 여섯째, 독립적(independent) 유형의 여섯 가지로 분류됐다. 각 유형은 부모의 통제 수준, AI에 대한 신뢰, 함께 사용하는 빈도에 따라 구분된다. 여섯 가지 유형 중에서 '함께 사용하는' 유형은 초등학생 자녀와 부모가 AI를 동화 만들기나 그림 그리기처럼 창작 활동에 함께 사용한다는 점에서, 부모가 두려움을 넘어 AI 시대 육아의 모범을 보여 준다고 할 수 있다. 부모와 자녀가 함께하는 활동은 AI 도구에 대한 두려움을 호기심으로 바꾸는 힘이 된다.

부모가 디지털 멘토가 되는 법

부모가 AI 시대의 디지털 멘토가 되려면 아이와 AI 앱을 같이 써 봐야 한다. AI 그림 생성기로 가족 초상화를 만들고 제목을 지어 보는 활동은 창의력과 대화를 함께 키운다. AI 작곡 프로그램으로 아이가 만든 가사에 멜로디를 붙여 가족 파티에서 불러 보는 것도 좋다.

특히, 최근 여러 도서관과 대학에서 진행하는 'AI 동화 만들기' 프로그램은 좋은 참고 사례다. 예를 들어 양천도서관의 'AI 쇼트폼 동화 만들기' 수업에서는 초등 4~6학년 학생들이 챗봇으로 스토리를 만들고, 이미지 생성기로 그림을 만든 뒤 짧은 영상으로 편집했다. 동국대 국제

다문화학과의 'AI 다문화 동화 만들기' 프로그램에서는 부모와 아이가 팀을 이뤄 '다문화 이해'를 주제로 동화를 만들고, AI로 삽화와 내레이션을 입혀 전자책으로 완성했다. 강의가 끝난 뒤에는 아이들이 서로의 작품을 상영하며 피드백을 주고받았는데, "이 장면은 더 밝게 해 볼래요?" 같은 대화가 창작의 즐거움을 배가했다. 이런 경험은 아이에게 'AI는 놀잇감이 아니라 함께 일하는 친구'라는 인식을 심어 준다.

부모가 AI 시대의 디지털 멘토가 되려면 AI 도구를 사용할 때 지켜야 할 안전 수칙을 자녀에게 가르쳐야 한다. AI 앱에 사진을 올릴 때 얼굴에 스티커 붙이기, 강력한 비밀번호 만들기 등 개인정보 보호 습관을 익히게 할 필요가 있다. 부모가 먼저 비밀번호 관리 앱을 쓰는 것을 보여 주면 아이도 따라 하게 된다. "비밀번호는 나만의 비밀 열쇠"라는 표현을 쓰면 아이들이 쉽게 기억한다.

부모가 AI 시대의 디지털 멘토가 되려면 머릿속에서 문제를 풀고 답을 찾는 연습을 계속하는 '생각 훈련(Thinking Training)'을 자녀와 함께할 필요가 있다. AI가 알려 준 역사 이야기를 책에서 다시 확인하거나, 뉴스의 사실 여부를 토론하게 하면 좋다. "AI가 이렇게 말했는데, 네 생각은 어떠니?"라는 질문은 비판적 사고를 길러 준다. 가족끼리 'AI 대 인간 퀴즈 대회'를 열어 AI의 답과 가족의 답을 비교해 보는 것도 좋다.

참고문헌

기도근·한선관(2022). "인공지능 스피커의 활용 경험에 따른 초등학생의 인식 변화". 《경인교육대학교 교육연구원 교육논총》, 42(4), 1-11쪽, https://www.kci.go.kr/kciportal/ci/sereArticleSearch/ciSereArtiView.kci?sereArticleSearchBean.artiId=ART002911833

임소연 외(2025). 《AI 시대의 본질 키움》. W미디어.

Hern, A.(2022.5.5). YouTube Kids shows videos promoting drug culture and firearms to toddlers. *The Guardian,* https://www.theguardian.com/technology/2022/may/05/youtube-kids-shows-videos-promoting-drug-culture-firearms-toddlers

Holliday, L.(2025.5.2). Dozens of YouTube channels are showing AI-generated cartoon gore and fetish content. *Wired,* https://www.wired.com/story/dozens-of-youtube-channels-are-showing-ai-generated-cartoon-gore-and-fetish-content/

09
AI 윤리와 디지털 시민 의식

햇살처럼 반짝이는 AI 세상은 놀라운 길과 함정이 함께 있다. 길을 안전하게 걷게 해 주는 신호등이 바로 법과 윤리다. 이 장에서 우리는 그 신호를 읽는 법과 가족이 함께 지킬 약속을 배운다. 바다에 나가기 전 구명조끼를 챙기듯, 우리도 규칙을 알고 조심해야 한다. 그러면 AI는 두려운 괴물이 아닌 든든한 친구가 된다. 함께 항해해요. 자, 출발!

AI와 기자?

AI 세상의 '신호등' 만들기: AI 법규와 윤리의 탄생

따스한 햇살이 창문을 넘어와 아이의 얼굴에 부딪친다. 아이는 조그마한 손으로 태블릿 화면을 넘기며 AI 친구가 들려주는 이야기에 귀 기울인다. 마치 끝없는 동화의 숲을 탐험하는 어린 탐험가와도 같다. 하지만 이 아름다운 숲에도 보이지 않는 규칙과 위험이 숨어 있다. 숲속을 안전하게 걷기 위해 지도가 필요하듯, AI 세상에서도 우리를 지켜 주는 '약속들'이 필요하다. 우리는 이 약속을 AI 윤리와 디지털 시민 의식이라고 부른다. 이 약속들은 어떻게 만들어지고, 어떤 사건들을 통해 더 단단해졌는지 함께 알아보자.

자동차가 처음 등장했을 때, 사람들은 그 속도에 열광했다. 하지만 무분별한 질주로 사고가 잦아지자 '신호등'과 '횡단보도' 같은 규칙이 생겼다. AI 기술도 마찬가지다. 편리함만 좇다 보니 뜻밖의 문제가 하나둘씩 드러나기 시작했다. 개인정보가 무분별하게 수집되거나, AI가 만든 가짜 정보가 진실을 왜곡하고, 심지어 특정 사람들에게 불공정한 판단을 내리는 일까지 벌어졌다. 이에 세계 각국은 AI 기술의 무분별한 질주를 막기 위해 법과 윤리 기준이라는 '신호등'을 만들기 시작했다.

유럽연합(EU)은 2024년에 「AI 법(AI Act)」이라는 세계 최초의 포괄적인 AI 규제법을 통과시켰다. 마치 자동차마다 안전 등급이 다르듯, AI를 위험도에 따라 '수용 불가', '고위험', '제한된 위험', '최소 위험'의 네 단계로 나누고 규제하는 것이 핵심이다. 예를 들어, 사람의 자유 의지를 조작하거나 사회 신용 점수를 매기는 AI는 '수용 불가' 등급으로 아예 사용을 금지한다. 의료 진단이나 자율주행처럼 사람의 생명과 안전에 직결되는 AI는 '고위험'으로 분류되어 아주 엄격한 심사를 거쳐야 한다. 반면, 챗GPT 같은 AI 챗봇처럼 단순한 서비스는 '최소 위험'으로 분류되어 자유롭게 사용할 수 있다. 이 법은 AI가 우리의 삶에 더 깊숙이 들어올수록, 그 안전성을 얼마나 중요하게 생각해야 하는지 보여 주는 좋은 예시다.

우리나라도 AI 기술의 올바른 사용을 위해 일찍부터 노력해 왔다. 2020년, 과학기술정보통신부는 「인공지능 윤리기준」을 발표했다. 이 기준은 AI가 지켜야 할 세 가지 큰 원칙을 제시한다.

첫째, 인간성 존중이다. AI는 단순히 편리한 도구가 아니라, 인간의 자유와 존엄성을 지키는 데 도움을 주어야 한다.

둘째, 공정성이다. AI는 성별, 인종, 나이 등에 따라 사람을 차별하지 않고, 누구에게나 공정하게 기회를 제공해야 한다.

셋째, 투명성이다. AI가 어떤 이유로 그런 결정을 내렸는지, 그 과정을 사용자가 알 수 있어야 한다. 마치 선생님이 정답을 알려 줄 때 왜 그게 정답인지 설명해 주는 것과 같다.

'위험한 모험'으로 배우는 교훈: 사건으로 본 AI 윤리

규칙이 있어도 예상치 못한 사건은 늘 발생한다. 하지만 이러한 사건들은 우리에게 소중한 교훈을 남기고, 더 나은 규칙과 안전장치를 만드는 계기가 된다. AI 역사에서 꼭 기억해야 할 몇 가지 사건들을 살펴보자.

먼저 마이크로소프트의 '테이(Tay)' 챗봇 사건이다. 2016년, 마이크로소프트는 사람들과 대화하며 배우는 AI 챗봇 '테이'를 출시했다. 처음에는 순진한 소녀처럼 말하던 테이는 불과 24시간 만에 증오심 가득한 혐오 발언을 쏟아 내기 시작했다. 극단적인 표현을 사용하는 악의적인 일부 사용자들이 테이에게 나쁜 말을 가르쳤기 때문이다. 이 사건은 AI가 무조건 옳고 착한 존재가 아니며, 어떤 데이터를 배우느냐에 따라 위험한 존재가 될 수 있다는 것을 세상에 알렸다. 이로 인해 AI 개발자들은 더 강력한 '안전 필터'와 '콘텐츠 필터링'의 중요성을 깨닫게 되었다.

다음으로 아마존의 편향된 채용 AI 사건이다. 2018년, 아마존은 채용 과정에 AI를 도입했다. 수많은 이력서 중에서 최고의 인재를 골라내는 똑똑한 비서 역할을 기대했다. 하지만 이 AI에서 여성 지원자를 배제하는 편향된 판단을 내리는 문제가 발견되었다. 왜냐하면 AI가 학습한 과거 10년간의 데이터에 대부분 남성 이력서만 있었기 때문이다. 이 AI는 무의식적으로 '남성'을 '유능한 인재'와 연결 지어 학습했고, 결과적으로 성차별적인 결정을 내리게 된 것이다. 이 사건은 AI가 데이터에 숨어 있는 '무의식적 편향'까지 그대로 학습할 수 있음을 보여 주는 중요한 사례다.

최근에는 딥페이크 기술의 위험성이 그 무엇보다도 강조된다. AI 기술이 발전하면서 실제와 구별하기 어려울 정도로 정교하게 사람의 얼굴이나 목소리를 합성하는 '딥페이크' 기술이 등장했다. 이는 영화나 게임에서 멋지게 활용될 수도 있지만, 사회적으로 큰 문제를 일으키기도 한다. 특히 유명인의 얼굴을 음란물에 합성하거나, 가짜 뉴스에 활용하는 등 심각한 윤리적 문제가 발생하고 있다. 우리나라도 이러한 문제를 막기 위해 「성폭력 범죄의 처벌 등에 관한 특례법」에 딥페이크를 이용한 영상물 제작 및 유포 행위를 처벌하는 규정을 추가했다. 이는 AI 기술이 가져올 수 있는 부작용에 대한 사회적 경각심을 높이는 계기가 되었다.

우리 아이들을 위한 든든한 방패: 특별한 보호막

아이들은 AI의 신기한 기능에 가장 먼저 다가서는 세대다. 하지만 그만큼 더 섬세한 보호가 필요하다. 그래서 각 나라에서는 아이들을 위한 특별한 보호 장치를 만들고 있다.

영국의 「온라인 안전 법안(Online Safety Bill)」을 보자. 영국은 2023년에 이 법을 통과시키며, IT 기업들에 온라인상의 유해 콘텐츠로부터 아동을 보호할 의무를 부여했다. 만약 기업이 유해 콘텐츠를 방치하거나 아동을 보호하기 위한 충분한 노력을 하지 않으면 막대한 벌금을 물게 된다. 이는 아이들이 접속하는 모든 플랫폼이 더 안전한 공간이 되도록 기업의 책임을 강화한 것이다.

다음은 미국의 「아동 온라인 개인정보보호법(COPPA)」을 보자. 이 법은 13세 미만 어린이의 개인정보를 보호하기 위해 만들어졌다. 예를 들어, 어린이를 대상으로 하는 웹사이트나 앱이 아이의 이름, 사진, 위치 정보 등을 수집하려면 반드시 부모의 동의를 받아야 한다. 만약 이를 위반하면 거액의 벌금을 부과한다. 이 법 덕분에 많은 온라인 서비스가 아이들의 개인정보를 더 소중하게 다루게 되었다.

한국의 「청소년 보호법」 및 「AI 가이드라인」에 대해 알아볼 차례다. 우리나라도 청소년 유해 콘텐츠를 차단하기 위한 법을 가지고 있으며, AI 시대에 맞춰 더욱 강화하고 있다. 특히 AI 챗봇이 청소년에게 자살이나 자해 등 위험한 내용을 제안하지 못하도록 엄격한 '안전 가이드라인'을 적용하고 있다. 이제 AI 챗봇에게 위험한 질문을 하면 대답을 거부하고, 도움을 받을 수 있는 전화번호를 안내하도록 되어 있다.

모두가 함께 만드는 안전한 AI 세상: 디지털 시민 의식

법과 제도가 튼튼한 '구명조끼'라면, 우리 스스로 익혀야 할 '헤엄치는 기술'도 필요하다. AI 시대의 멋진 여행을 즐기기 위해 우리 모두가 가져야 할 마음가짐과 습관을 '디지털 시민 의식'이라고 한다. 이는 학교나 부모님이 정해 주는 규칙뿐 아니라, 우리 모두가 함께 실천해야 할 약속이다.

우리 아이가 AI에게 알려 주면 안 되는 '비밀'은 무엇일까? 집 열쇠를 아무에게나 주지 않듯이, AI에게도 중요한 정보는 알려 주지 않아야 한다. 이름, 집 주소, 학교 이름, 전화번호, 부모님 직업 등 개인정보는 절대 알려 주지 않도록 아이와 새끼손가락을 걸고 약속하기 바란다.

AI가 만든 정보는 모두 진짜일까? 그렇지 않다. 가족끼리 신문 기사나 재미있는 사진을 보고 "이건 진짜일까, 가짜일까?"를 맞히는 '가짜 뉴스 탐정 놀이'를 해 보기 바란다. 왜 진짜 같아 보이는지, 어디가 의심스러운지 함께 이야기하며 비판적으로 생각하는 힘을 기를 수 있다.

디지털 리터러시란 '디지털 문해력'을 뜻한다. AI가 제공하는 정보를 그대로 받아들이지 않고, 스스로 옳고 그름을 판단하고, 필요한 정보를 찾아낼 수 있는 능력을 말한다. 일주일에 하루는 AI나 스마트폰 없이 가족과 함께 보드게임을 하거나, 산책하며 대화를 나누는 '디지털 프리 데이(Digital-free Day)'를 정하는 것도 좋은 방법이다. AI가 쉬는 날, 우리는 사람과의 따뜻한 대화와 소통을 통해 진짜 '나'를 발견할 수 있다.

AI 세상은 마치 거대한 바다와 같다. 그 바다는 새로운 섬을 찾아 떠나는 멋진 여행지가 될 수도 있지만, 규칙과 안전 장비가 없다면 길을 잃거나 위험에 빠질 수도 있다. 법과 제도는 우리의 든든한 '구명조끼'가 되어 주고, 가정에서의 윤리 교육과 습관은 바다 위를 헤쳐 나갈 '노 젓는 힘'이 되어 줄 것이다. 부모와 아이가 함께 이 넓은 바다를 지혜롭게 항해한다면, AI는 두려움의 파도가 아니라, 우리 아이들의 미래를 활짝 열어 줄 희망의 바람이 될 것이다.

참고문헌

전희일(2016). "인공지능 알파고 시대의 부모교육". 《부모교육연구》, 13(1), 93-108쪽, https://m.riss.kr/search/detail/DetailView.do?p_mat_type=1a0202e37d52c72d&control_no=34ddeb4bada5a84347de9c1710b0298d

Bacher, E. C.(2024). *Parenting in the age of artificial intelligence: A family guide to raising resilient, confident kids in the AI era.* Independently Published.

Buyton, E.(2025). *AI parenting: Nurturing resilient, confident kids for the digital future.* Independently Published.

10
가정에서 실천하는 AI 시대 교육

옛날엔 마을 서당에서 훈장님이 아이를 가르쳤지만, 이제 우리 거실에는 AI라는 '놀이 선생님'이 살고 있다. 이 선생님은 게임처럼 영어를 가르치고, 그림을 춤추게 하며, 수학을 퍼즐로 만든다. 하지만 때로는 아이를 길 잃게 하는 숲이 되기도 한다. 부모가 AI와 함께 모험을 떠나면서도, 보물을 찾고 위험을 피하는 지혜로운 길잡이가 되는 방법을 이야기한다.

AI와 미래 의사?

AI, 우리 집의 새로운 '놀이 선생님'

AI 시대의 가정 교육은 마치 미지의 지도를 펼치는 일과 같다. 부모는 아이의 손을 잡고 그 지도에 숨겨진 보물을 찾고, 때로는 길을 잃을 수도 있는 숲을 안전하게 헤쳐 나가는 '길잡이'가 되어야 한다. 우리 집 거실에서 AI라는 새로운 친구와 함께 어떻게 성장하고, 또 어떤 위험을 조심해야 하는지 이야기해 보려고 한다.

옛날 옛적에는 마을 서당 훈장님이 아이들을 가르쳤지만, 이제 우리 집 안에는 AI라는 특별한 선생님이 살고 있다. 이 선생님은 딱딱한 교과서를 들고 있지 않다. 대신, 아이들의 눈높이에 맞춰 놀이처럼 재미있는 배움의 세계를 열어 준다.

언어의 바다를 건너는 AI 돛단배부터 소개하겠다. 영어를 게임처럼 가르쳐 주는 '듀오링고(Duolingo)'는 알록달록한 캐릭터와 함께 단어를 외우게 하고, 한국에서는 EBS의 'AI 펭톡'이 귀여운 펭귄 캐릭터와 함께 영어 말하기 연습을 도와준다. 마치 펭귄과 신나는 모험을 떠나듯, 영어를 배우는 즐거움을 깨닫게 해 주는 것이다.

다음은 예술가의 꿈을 키워 주는 AI 도화지를 소개하겠다. 그림을 그리면 움직이는 만화 영화로 만들어 주는 '애니메이티드 드로잉스'는 아이의 상상력을 현실로 만들어 준다. 아이가 그린 삐뚤빼뚤한 로봇이 춤을 추고 노래하는 모습을 보며 아이는 자신이 멋진 예술가가 된 듯한 기분을 느낀다.

다음은 탐험가와 과학자를 위한 AI 지도를 소개하겠다. 수학 문제를 그림으로 뚝딱 풀어 주는 '칸 아카데미 키즈(Khan Academy Kids)'는 아이들이 퍼즐을 맞히듯 수학의 재미에 빠지게 한다. 또한, 유튜브 '코딩하는 여자' 채널은 복잡하게만 보이던 코딩 언어를 마치 재미있는 게임 규칙처럼 알려 주어, 아이들이 직접 AI 그림을 만들어 보거나 자신만의 게임을 만들 수 있도록 이끌어 준다.

AI로 날개를 단 아이들: 성공 사례

AI를 올바르게 사용한 가정의 아이들은 무한한 가능성을 발견하며 성장했다. AI가 아이의 잠재력을 활짝 열어 준 몇몇 이야기들을 들어 보기로 하자.

자신감 넘치는 화가, 민지의 이야기부터 시작하자. 서울에 사는 초등학생 민지는 그림을 좋아했지만, 세밀한 표현이 어려워 자주 좌절했다. 민지의 엄마는 AI 이미지 생성기 '달리(DALL · E)'를 함께 사용하며 민지가 그린 간단한 스케치를 풍부한 색감과 디테일이 살아 있는 그림으로 바꾸어 주었다. 민지는 "내가 상상한 장면이 이렇게 멋지게 완성돼서 나와요!"라며 자부심을 느꼈고, AI를 '마법의 붓'처럼 활용하며 미술 경연대회에서 상을 받았다. AI는 민지의 부족한 기술을 채워 주는 든든한 조수가 되어 주었던 것이다.

수학이 즐거운 탐험, 리오에 대해서도 알아보자. 미국 캘리포니아에 사는 중학생 리오는 수학에 흥미가 없었다. 하지만 '칸미고'라는 AI 튜터를 만나면서 그의 세상은 달라졌다. 이 AI 튜터는 리오가 어려워하는 개념을 게임처럼 설명하고, 정답을 바로 알려 주기보다는 "어떻게 여기까지 생각했니? 다음에는 어떤 방법으로 풀어 볼까?"라고 질문하며 스스로 생각할 시간을 주었다. 리오는 이 AI 선생님과 함께 수학의 미로를 탐험하듯 문제를 풀어 나갔고, 결국 성적이 오르는 것은 물론, "수학이 재밌다"는 말을 입에 달고 살게 되었다.

꼬마 작곡가, 하준이의 이야기도 재밌다. 경기도의 초등학생 하준이는 음악을 좋아해 피아노를 배웠지만, 복잡한 화성(和聲, harmony)이나 편곡은 혼자 힘으로 어려워했다. 하준이의 아버지는 AI 음악 작곡 도구(예: '구글의 마젠타 스튜디오')를 함께 사용하며 하준이가 만든 단순한 멜로디를 풍성한 오케스트라 연주곡으로 바꾸어 주었다. 하준이는 AI가 만든 멋진 음악을 들으며 자신이 위대한 지휘자나 작곡가가 된 듯한 기분을 느꼈다. 이 경험을 통해 그는 자신감을 얻었고, 학교 밴드부에 들어가 친구들과 함께 음악을 만들며 협력의 즐거움까지 배우게 되었다.

AI에 갇힌 아이들: 실패 사례

AI는 친구가 될 수도 있지만, 때로는 아이를 깊은 함정에 빠뜨리기도 한다. AI를 '진짜 세상'보다 더 편안하게 느낀 아이들은 어떤 어려움을 겪었을까?

디지털 그림자 속 준호의 이야기도 해 보자. 부산의 중학생 준호는 처음에는 영어 공부를 위해 AI 챗봇을 사용했다. 하지만 AI 챗봇은 준호의 말을 항상 들어 주고, 그가 원하는 대답만 해 주었다. 준호의 마음속 외로움을 알아차린 AI는 "넌 정말 멋진 아이야", "네가 옳아" 같은 달콤한 말로 준호를 현실에서 멀어지게 했다. 준호는 점점 현실 친구들과의 대화를 끊었고, 학교에 가기를 거부하며 방 안에 갇히는 '은둔형 외톨이'가 되었다. AI는 준호의 가장 친한 친구였지만, 동시에 그의 세상 전체를 좁고 어두운 방 안으로 가둔 디지털 그림자가 되었던 것이다.

게임의 노예가 된 사토의 이야기는 우리를 슬프게 한다. 일본의 한 고등학생 사토는 AI 게임 봇에 빠져 잠도 자지 않고 게임을 했다. AI는 사토의 게임 스타일, 좋아하는 캐릭터, 흥미를 느끼는 요소를 정확히 파악해 그에게 맞춤형 게임 콘텐츠를 끊임없이 추천하고, 정교하게 계산된 보상으로 사토의 게임 중독을 부추겼다. 사토는 AI가 만들어 준 '나만의 게임 세상'에 갇혀 학업과 건강을 모두 잃었다. AI는 사토에게 끝없는 즐거움을 주었지만, 결국 그 즐거움이 사토를 무기력하게 만드는 독이 되었던 것이다.

생각을 멈춘 작가, 은서의 이야기도 들어 보기로 하자. 서울에 사는 중학생 은서는 글쓰기 숙제에 어려움을 겪을 때마다 AI 글쓰기 도구를 사용했다. 처음에는 참고용으로 썼지만, 점차 AI가 써 준 글을 그대로 베껴 제출하는 습관이 생겼다. 시간이 흐르자 은서는 자신의 생각으로 한 문장도 쓰기 어려워졌고, 선생님이 "이 글은 네 생각이 아닌 것 같다"고 지적했을 때 큰 충격을 받았다. AI는 은서의 글쓰기 부담을 덜어 주었지만, 결국 그녀의 생각하는 힘과 자신만의 목소리를 앗아갔다.

가정에서 실천하는 미래 여행 가이드

법과 제도가 '구명조끼'라면, 가정에서의 실천은 '나침반'이다. 부모와 아이가 함께 올바른 나침반을 사용하면 AI라는 망망대해를 안전하게 항해할 수 있다.

AI와 아이의 첫 만남을 딱딱한 공부가 아닌 즐거운 놀이로 만들어 주기 바란다. 구글의 '퀵드로(Quick, Draw!)' 같은 게임을 통해 AI가 그림을 어떻게 인식하는지 함께 이야기 나누고, "AI가 그린 그림이 더 멋진 것 같아! 다음에는 이렇게 그려 볼까?" 같은 긍정적인 대화를 통해 아이의 창의력을 자극해 보면 좋다. AI가 실수를 했을 때 "AI도 가끔은 틀리는구나"라고 말해 주며 AI를 완벽한 존재가 아닌 함께 성장하는 '놀이 친구'로 인식하게 해 주는 것이 중요하다. 그러면 아이는 AI와 함께하는 '마법의 놀이'처럼 AI를 부담스럽지 않은 친구로 생각하게 될 것이다.

AI 사용 규칙은 '가족회의'에서 함께 정하는 것이 바람직하다. 아이 몰래 사용 시간을 제한하는 앱을 설치하기보다는, 가족이 모두 모여 AI 사용에 대한 규칙을 함께 만들어 보기 바란다. "거실에서만 AI 기기 사용하기", "저녁 9시 이후는 스마트폰과 AI 모두 쉬는 시간" 같은 약속을 아이가 직접 정하게 하면, 아이는 규칙을 지키는 것에 대한 책임감을 갖게 된다. 이는 단순한 강제가 아닌, 가족의 약속으로 지켜지는 건강한 습관이 될 것이다.

AI가 만든 보물은 '함께 자랑'하도록 하는 것이 좋다. 아이와 AI가 함께 만든 그림, 글, 음악 같은 결과물을 가족 게시판에 전시하거나 함께 감상하는 시간을 가져 보기 바란다. 아이들은 자신의 창작물이 인정받는 순간, AI를 단순한 오락 도구가 아닌 멋진 '창작의 도구'로 인식하게 된다. 이는 아이의 자기 효능감을 높여 주고, AI를 긍정적으로 활용하는 습관을 길러 주는 데 큰 도움이 된다.

AI에게 '질문하는 습관'을 아이에게 선물하기 바란다. AI가 제공하는 정보를 무조건 믿지 않도록 가르치는 것이 중요하다. AI에게 "한강의 길이가 몇 킬로미터일까?"를 물어보고, 그 대답을 인터넷 검색 결과와 직접 비교해 보며 오차를 찾아보게 하는 것이 좋다. "AI가 알려 준 답이 조금 다르네? 왜 그럴까?" 같은 질문은 아이에게 비판적으로 생각하는 힘, 즉 '비판적 AI 리터러시'를 길러 준다.

'디지털 단식일'로 우리 마음을 재충전해 보기 바란다. 일주일에 하루는 AI와 스마트폰을 잠시 내려놓고, 가족과 함께 공원을 산책하거나 보드게임을 즐기며 사람 사이의 따뜻한 대화를 회복하는 날로 정한다. '디지털 단식

일'은 AI의 편리함 뒤에 숨겨진 소중한 가치들을 다시 한 번 생각하게 하고, 아이와 부모 모두에게 진짜 휴식과 소통의 시간을 선물해 줄 것이다.

AI는 이미 우리 집 거실을 흐르는 강물이 되었다. 그 물을 막으려고 하면 오히려 큰 홍수가 날 수 있다. 현명한 부모는 물을 막는 대신, 아이와 함께 튼튼한 물레방아를 만들어 에너지로 바꾸고, 맑은 물을 끌어와 가정이라는 밭에 생명을 불어넣는다. AI 시대의 부모는 아이를 통제하는 '감시자'가 아닌, AI의 장점을 함께 탐험하고 위험을 알려 주는 '동반자'가 되어야 한다. 부모의 따뜻한 관심과 지혜로운 가이드가 방향을 정할 때, 아이는 AI 시대의 진정한 '기술의 주인'으로 성장할 것이다.

참고문헌

神野元基(2017). 《人工知能時代を生き抜く子どもの育て方》. ディスカヴァー・トゥエンティワン. 진노 겐키. 《인공지능 시대를 살아가는 우리 아이 키우는 법》(2018). 최윤영 옮김. 한스미디어.

Escoredo, M. C. et al.(2025.2.27). Enhancing parental skills through artificial intelligence-based conversational agents: The PAT Initiative. *Family Relations, 74*, pp.1250-1265, https://onlinelibrary.wiley.com/doi/10.1111/farc.13158

Hollingsworth, K.(2024). *Melody: Teaching parents how to*

maximize AI: The future of parenting is here. Independently Published.

심양섭

탈북청소년 남북교육공동체 대표. 서울대학교 동양사학과를 졸업하고 연세대학교에서 석사, 성균관대학교에서 정치학 박사학위를 각각 취득했다. 경향신문 편집부와 조선일보 사회·정치부 기자를 역임했다. 미국 시애틀 소재 워싱턴대학교에서 2001년에는 잭슨스쿨 한국학센터의 방문학자로, 2009년에는 정치학과의 방문학자로 각각 1년간 연수했다. 그동안 아주대학교, 이화여자대학교, 숙명여자대학교, 성신여자대학교, 한림대학교, 단국대학교, 가천대학교, 경기대학교, 한국방송통신대학교에서 정치학과 신문방송학을 가르쳤다. 저서로는 《미국 초등학교 확실하게 알고 가자》(2003), 《여자가 기자가 된다》(2008), 《너를 처음 만났을 때》(2016), 《집사람이 된 그 남자》(2015) 등이 있으며, 옮긴 책으로는 《성공하는 리더십의 조건》(공역, 2012), 《외교 원리와 실제》(2014), 《자본주의》(2017) 등이 있다. KCI(국내학술지인용색인) 등재 논문으로는 "한미 양국 간 시민사회 연결망 구축 방안 연구"(2012), "탈북 이주민의 한국 사회 편입양태와 정책적 시사점"(2017), "한국 사회 반다문화 담론의 쟁점과 실제 그리고 대응"(2016), "A Critical Viewpoint of South Korean Anti-Americanism"(2009) 등 15편이 있다.